中国粮食安全问题研究丛书

中国粮食安全的现状、挑战与对策

曹宝明　李光泗　徐建玲
郭晓东　李　丰　李全根　著

中国农业出版社

图书在版编目（CIP）数据

中国粮食安全的现状、挑战与对策/曹宝明等著
.—北京：中国农业出版社，2014.11
ISBN 978-7-109-19834-0

Ⅰ.①中… Ⅱ.①曹… Ⅲ.①粮食问题－研究－中国
Ⅳ.①F326.11

中国版本图书馆CIP数据核字（2014）第273853号

中国农业出版社出版
（北京市朝阳区麦子店街18号楼）
（邮政编码100125）
责任编辑 闫保荣

北京中兴印刷有限公司印刷 新华书店北京发行所发行
2014年11月第1版 2014年11月北京第1次印刷

开本：720mm×960mm 1/16 印张：9.75
字数：186千字
定价：30.00元

总　序

国以民为本，民以食为天，食以粮为源。古今中外无不把“粮食”视为治国安邦、施政福民之圭臬。粮食安全问题关乎国计民生，关乎社会发展，关乎政治安定，世界各国都把粮食安全作为国家经济、政治、社会安全的重要组成部分。如何解决好粮食问题，如何确保国家粮食安全，对于我国这样一个拥有13亿人口的发展中大国而言，具有重大而深远的战略意义，更是施政安民的第一要务。

改革开放以来，我国农业发展取得了举世瞩目的成就，粮食综合生产能力不断增强，粮食安全保障水平不断提高。特别是进入新世纪以来，我国农业连年丰收，主要农产品供求基本平衡。自2004年以来，我国粮食生产连续十年增产，到2013年，粮食产量达到60 193.5万吨，粮食生产突破历史最高水平，人均粮食产量达到或超过世界平均水平。我们可以自豪地说，我国用占世界9%左右的耕地、6%左右的淡水，养活了占世界20%左右的人口，为在全球范围内消除饥饿与贫困做出了巨大贡献。

我们还要清醒地看到，随着工业化和城镇化的深入发展，市场化和全球化程度的加深，实现粮食供求平衡的压力加大，保障国家粮食安全的任务艰巨。从中长期看，我国人多地少的现实难以改变，人增地减的趋势难以扭转，淡水资源短缺、地区分布不平衡的形势更加严峻；随着经济社会的发展、人们生活水平的提高，人口数量的增加、膳食结构的改变、粮食加工业的发展，粮食供求关系日益趋紧；国际粮食供求形势不容乐观，粮食价格波动剧烈，粮食市场跌宕起伏，对我国粮食供求和价格都将产生深刻影响。总的来看，我国粮食供求偏紧将成为一种常态，保障粮食安全的诸多隐忧更值得警惕和深思。

中共十八大报告明确提出，要加快发展现代农业，确保国家粮食安全和重要农产品有效供给。2013 年 12 月召开的中央经济工作会议强调指出，要把切实保障国家粮食安全，作为经济工作的首要任务。2014 年中央 1 号文件又进一步明确提出，要抓紧构建和实施以我为主、立足国内、确保产能、适度进口、科技支撑的国家粮食安全战略。要不断提升农业综合生产能力，确保谷物基本自给、口粮绝对安全。要更加积极地利用国际农产品市场和农业资源，有效调剂和补充国内粮食供给。要在重视粮食数量的同时，更加注重品质和质量安全；要在保障当期供给的同时，更加注重农业可持续发展。

为深入贯彻落实中共十八大、中央经济工作会议和 2014 年中央 1 号文件精神，全面系统地研究我国粮食安全的现状与未来，中国农业出版社组织国内权威专家编写了《中国粮食安全问题研究丛书》。粮食安全问题是一个十分复杂的问题，既涉及国内又涉及国外，既有生产问题又有流通问题，既有发展问题又有改革问题，既是经济问题又是政治问题，既有实践问题又有理论问题，需要各方面开展深入研究并进一步形成共识。该丛书共分 12 册，主要内容包括：粮食供求形势分析、粮食生产经营主体、粮食市场流通、粮食产业链和供应链、粮食安全预警机制、粮食主产区发展、粮食期货市场、粮食国际贸易等。该丛书立足中国国情，联系国际市场，紧扣粮食安全主题，从多角度、多方面深入分析研究有关粮食安全的影响因素，既注重理论分析，又有实证分析，并提出了很多有针对性的政策建议。该丛书作者均为粮食问题研究领域的权威专家学者，书中的很多观点和看法具有一定的创新性和前瞻性，不仅具有较高的理论价值，而且具有较强的应用价值。

该丛书是 2013 年中央农村工作会议后国内推出的首套全面系统介绍我国粮食安全问题的系列丛书。该丛书的出版对于增强我国粮食综合生产能力，确保国家粮食安全，加快粮食主产区发展，促进农民增加收入，推进农业现代化具有十分重要的现实意义。该丛书对于我们把握当前我国粮食安全的状况与特点，分析新形势下我国粮食安全面临的问题和挑战，研究解决我国粮食安全问题的对策和措施具有积极的推动作用。该丛书既可以作为我国农业战线广大干部职工和科技工作者学习和研究我国粮食安全问题的参考资料，又可以为政府有关部门制定完善我国粮食安全战略和保障国家粮食安全政策措施提供借鉴。

我国粮食安全问题不仅是一个现实性的热点问题，更是一个需要长期关注的重点问题。随着经济社会的发展，粮食安全问题的研究范围也在不断拓宽和深化，比如粮食价格形成机制和市场调控问题、粮食品种质量和食品安全问题、实现高产高效与资源生态永续利用问题等。希望社会各界有识之士继续关注粮食安全问题，深入研究粮食安全问题，积极探索解决粮食安全问题的有效途径和办法，为切实保障中国人的粮食安全做出更大的贡献。

宋洪远

2014 年 5 月 13 日

前　言

粮食作为最重要的食品和最重要的基础产品，对国家经济安全起着无可替代的作用，因此粮食安全战略是国家安全战略中的优先战略。本报告试图在构建新的适合于中国国情的粮食安全评价方法的基础上，对我国粮食安全的现状进行定量评价；并在进一步分析我国粮食安全面临的若干重大挑战的基础上，提出维护我国粮食安全的对策措施。

本报告在回顾国内外现有现有粮食安全评估方法的基础上，建立了适应于我国国情的新的评价方法及其相应的指标体系，并对我国粮食安全现状作出了如下综合分析与评判：①粮食安全水平不断提高，结构矛盾日益凸现；②政府调控地位不断提高，调控能力不断增强；③粮食生产能力不断提高，增长潜力受到制约；④粮食进口存在一定风险，居民实际购买力降低；⑤粮食消费结构不断升级，粮食需求结构矛盾凸显；⑥物流加工效率不断提高，但竞争力仍较低；⑦粮食生产现代化进程加快，技术需求发生较大转变。

随着工业化、信息化、城镇化、市场化、国际化的深入发展，我国的粮食安全仍然面临着若干重大挑战：①粮食工业的外资垄断。外资加紧布局加工领域，垄断生产原料、操纵销售渠道、控制技术设备，冲击我国粮油工业、扰动粮食市场价格、侵害相关主体利益，降低了粮食安全水平。②粮食进口的大国效应。大国的粮食进口量即使只占国内总供求量的较小比重，其占国际市场总供求的比重也会较大，大量的进口势必拉动世界粮食价格的上涨。作为粮食生产和消费大国，中国的粮食国际贸易一直受到世界的关注。本报告结合分析近年国际粮食贸易形势，认为中国在粮食进口贸易中存在着产生“大国效应”的风险性，应警惕这种风险性。③粮食品质的消费安全。中国经济以前所未有的速度迅猛发展，全社会粮食品质的消费安全水平得到很大提高，粮油食品食用安全保障体系正在建立和完善。但是，粮食品质的消费安全方面仍面临着严峻挑战。④粮食流通安全面临的矛盾和挑战。在粮食流通主体方面，农民被动参与粮食流通，国有粮食企业地位不稳定；粮食市场流通体系建设方面，体系不全，功能不足；在粮食产销衔接方面，基于地方利益而难以沟通和协调；在粮食储备调节机制方面，过多的储备粮调控主体削弱了调控效果，不合理的储备量布局增加了调控成本，繁琐的粮食储备的运作程序影响调控效果，农户储粮现状也不容乐观。

为了维护国家粮食安全，应当从下列几方面采取相应的对策措施：①以农为本，持续发展粮食生产，切实保护耕地资源，修复农业生态环境，坚持不懈地调动农民种粮积极性，持续稳定加大对农田基本建设的投入力度，强化对粮食生产的农业科技服务，着力提高农业机械化水平，加强食用、饲用资源的综合开发和利用；②协调粮食产销区财政经济利益关系；③加速培育现代粮食流通产业；④关注粮食品质、确保粮食消费安全，建立粮食产地标识制度，全方位强化粮食检验检测制度，持续推进“放心粮油”工程建设，加强国家粮食安全战略宣传教育。

目　　录

第一部分　粮食安全评价方法

粮食范畴界定是粮食安全评价的基础，在综合对比国内外粮食及粮食安全概念的基础上，本章重点回顾了粮食安全相关研究、总结了粮食安全评价的方法、阐述了本项目研究的主要方法与思路等。

一、粮食安全内涵

（一）国内外关于粮食范畴的统计差别

我国的粮食概念与世界通行的粮食概念并不一致，在探讨粮食安全主要指标时，有必要先对粮食概念进行界定。

1. 国内粮食概念

在国内，人们习惯于将传统上的主食统称为“粮食”，主要是指稻谷、小麦、玉米、薯类等淀粉作物类和豆类二大类作物。按照我国传统解释，粮食有广义和狭义之分。狭义的粮食是指谷物类，即禾本科作物。包括稻谷、小麦、玉米、大麦、高粱、燕麦、黑麦等，习惯上还包括蓼科作物中的荞麦。广义的粮食是指谷物、豆类、薯类的集合，包括农业生产的各种粮食作物。这与国家统计局每年公布的粮食产量概念基本一致。豆类，主要包括大豆、绿豆等。这里，特别要指出的是大豆，中国将其归类为粮食；联合国粮食及农业组织将其归类为油料。薯类主要包括甘薯、马铃薯等。2005 年出版的《现代汉语词典》（第 5 版）对粮食的解释是，供食用的谷物、豆类和薯类的统称。

2. 国外的粮食概念

国外通用的食物、谷物概念与中国粮食概念大不一样。在国外，与中文对应的“粮食”这个概念并不存在，在英语字典中也查不到与“粮食”相对应的英语单词。国际组织及世界各国政府高度关注的是“Food”即“食物”，而不仅仅是“粮食”。

英文“Food”译为中文是食物，是指可吃的干物质。它和供饮用的含营养成分的液体“饮料”是一个相对的名词。英国1982年出版的《简明牛津字典》对Food解释是：维持肌体生长、代谢和生命过程以及供给能量所必需的物质，它基本上由蛋白质、碳水化合物和脂肪构成。此外，还含有一些肌体所必不可少的矿物质、维生素和辅助物质，它是固体形态的营养物质。

英文Grain译为中文是谷物，《Webster's New Twentieth Century Dictionary》注释为特指谷物植物生产的，如小麦、稻谷、玉米、黑麦。联合国粮食及农业组织1999年出版的中文版《生产年鉴第52卷1998》所列的详细谷物产品目录有8种，即小麦、稻谷、粗粮（包括大麦、玉米、黑麦、燕麦、小米、高粱）。Food and Agriculture Organization of the United Nations译成中文应为联合国食物及农业组织，但是，人们长期译成联合国粮食及农业组织。因此，把Food、Grain都译成粮食，也就约定俗成了。需要指出的是，对于稻谷（Rice），联合国粮食及农业组织在统计粮食生产总量时，一般采用原粮“稻谷”这一概念。在统计粮食贸易总量时，一般采用成品粮“大米”这一概念，其1999年出版的中文版《贸易年鉴第52卷1998》所列的农产品贸易项目第36项为大米。有时，也采用成品粮“稻米”这一概念，其2008年4月出版的中文版第1期《作物前景与粮食形势》在公布世界谷物库存量时，使用的是稻米。主要原因是各国报送统计报表时，有的理解为稻谷，有的理解为大米，有的理解为糙米。因此，稻米，实际是稻谷和大米的混合粮。

联合国粮食及农业组织每年公布世界谷物总产量时，由于中国翻译上的习惯，常译成“世界粮食总产量”。其实，这个“世界粮食总产量”只是谷物，不包括豆类和薯类，这和中国粮食产量的统计口径有很大差别。中国在统计粮食产量时，除谷物外，还包括豆类和薯类。如果将中国粮食总产量与“世界粮食总产量”进行对比，一定要将豆类和薯类的产量从中国粮食总产量中剔除出去，这样统计口径一致，才有可比性。由于中国粮食概念与世界通行的粮食（谷物）概念不一样，使得联合国粮食及农业组织对中国谷物库存量的估算偏高。

3. 本项目研究采用的粮食范畴

为明晰粮食范畴，本项目研究将粮食与谷物的概念加以区分。粮食的概念采用国家统计局的统计标准，包括稻谷、小麦、玉米、高粱、谷子及其他杂粮、薯类和豆类。谷物主要是指国际粮农组织粮食的概念，即小麦、稻谷、粗粮等，不包括豆类和薯类。为客观反映我国粮食安全状况、提高不同研究对比性，本项目研究按照两种指标分别测算我国粮食安全水平。为提高统计指标的一致性，本项目研究所涉及的粮食、谷物等产量的单位均是按原粮计算。

（二）国内外对粮食安全概念的不同解释

1974 年 FAO 最早界定了“粮食安全”，即“保证任何人在任何时候都能够得到为了生存和健康所需要的足够食品”。这种理解虽揭示了粮食安全的目标，但仍是粗线条式的描述。1983 年 FAO 通过了总干事萨乌马提出的粮食安全定义：“确保所有人在任何时候既能买得到又能买得起他们所需要的基本食品”。该定义认为粮食安全包括：买得到，即粮食的供给状况；买得起，即人们的购买能力，只有这两者同时满足，才能实现粮食安全。这种理解将生产与购买连接起来，丰富了人们的认识，但没有指出“基本食品”的指向。1996 年 FAO 指出，“当所有人在任何时候都能在物质上和经济上获得足够的粮食来满足其需要时，才实现了粮食安全。”此定义继承了萨乌马的思路，将消除贫困、国际贸易等考虑在内，拓展了粮食安全的内涵。

1992 年我国政府提出的粮食安全概念，指“能够有效地提供全体居民以数量充足、结构合理、质量达标的包括粮食在内的各种食物”。此定义是从政府视角来理解其对居民的粮食提供义务，更加强调粮食供求均衡，对粮食结构和质量作了界定。这是从增加国内生产的角度来界定粮食安全的，和 FAO1974 年的定义一脉相承。

近年来更多的学者倾向于借鉴 FAO1996 年的定义，从可获得的视角来认识中国的粮食安全，这涉及生产、流通和消费等环节。对粮食安全的认识逐渐从单纯的总量平衡向多维深化。雷玉桃等（2003）认为我国粮食安全具有特殊性，它不仅指实现总量增长目标，而且要考虑到粮食总量与质量并重、粮食品质结构合理等。闻海燕（2003）指出，粮食安全体系包括生产出足够多的粮食、有一个高效率的流通组织来供应、确保所有需要粮食的人在任何时候都能获得粮食。钟甫宁等（2004）从四个层次来理解粮食安全：供应量是否满足基本需要；供应在时空上分布是否均衡；所有的人是否能容易地获取基本的粮食；粮食是否符合卫生、营养和健康的标准。在这四点中，前一个是生产意义上的，中间两者是获取意义上的粮食安全，最后一个是品质意义上的粮食安全。

就中国目前粮食安全水平来看，厉为民等（1998）通过比较中国与世界主要粮食生产与消费国在粮食总产量波动系数、粮食自给率、粮食库存水平、人均粮食占有量与低收入人口粮食供应水平等指标方面的差异性，以及粮食安全系数的计算与比较，得出中国粮食安全整体水平仅次于加拿大、法国、美国与澳大利亚四国，高于世界平均水平。钟甫宁（2004）、柯炳生（2006）等分别对粮食生产波动、食物保障的可持续发展、粮食储备几个方面进行了深入研究。众多学者研究表明，粮食自给率应保持合适水平，粮食自给率高，固然粮食安全水平比较高，但这也可能意味着农民要放弃其他效益较好作物的生产，农民收入反而有所下降。

综合以上学者释义，多数均认同 FAO 确定的粮食安全定义。其基本内涵主要包括数量、质量、结构、经济与价格和供应平衡等方面对粮食安全的保证。

（三）本报告对于中国粮食安全的内涵界定

考虑到我国粮食生产与需求实际情况，完全保证粮食自给也是比较难的，如何保证一定产需缺口的情况下实现粮食供求平衡是当前面临的重要问题。时任农业部副部长张宝文接受《人民日报海外版》专访时指出，国内粮食供需关系偏紧的态势将长期存在。从分品种看，玉米产需基本平衡，小麦、水稻供求偏紧，大豆存在较大缺口，薯类生产增长较快。从消费用途看，口粮消费有所下降，饲料用粮、工业用粮明显增加。从长远看，粮食生产受资源、气候、技术、市场制约和种粮比较效益影响，产量大幅度增长的难度很大。而随着人口增长，畜牧业和粮食加工业的快速发展，粮食消费量继续增加的趋势不可逆转。

从近年来国际粮食市场波动以及国内粮食产业发展来说，粮食安全实际代表了政府政策的最高目标，粮食安全不仅关注粮食供给总量问题，更加应该体现政府的宏观调控能力，粮食产业整体安全。

二、粮食安全评价方法

（一）国内外现有评价方法

1. 国外研究采用的方法

（1）联合国粮食与农业组织（FAO）的营养摄入评价法。联合国粮食与农业组织（FAO）的营养摄入评价法主要从宏观层面评价了粮食安全水平。为了衡量世界粮食首脑会议提出的提高世界粮食安全程度的实现程度，FAO从1999年开始，每年测算世界食物不安全状况，并发布《世界粮食不安全状况报告》。由于粮食不安全问题主要出现在发展中国家，这个报告实际上就是对发展中国家粮食安全状况的评估。

FAO对世界粮食不安全状况的评估标准主要是每个国家（或地区）总人口中营养不良人口所占的比重。按照FAO的标准，所谓营养不良是指人均每日摄入的热量少于2100卡路里（calories）的状况。如果一个国家（或地区）营养不良人口的比重达到或超过15%，则该国属于粮食不安全国（或地区）。FAO按照这个标准对各国（或地区）粮食安全状况进行评估。

从理论上说，FAO的这种度量方法是比较科学的，因为一个国家的粮食安全与否，归根到底是要看该国人民的营养状况。这种评估方法实际上是把一个国家或地区消费的粮食和其他食物总量，按照一定营养标准进行总热量折算，再根据人口的构成和各类人群对营养不同需要进行计算，最后得出人均热量水平。

根据有关资料，FAO在进行测算时，主要依据指标包括：食物生产量、进出口量、库存量；人口的总量及年龄和性别分布；消费分布。计算方法是：第一步，计算从当年生产和进口、库存中可获得的卡路里的总量；第二步，根据人口的构成状况和不同性别、年龄的人口对卡路里的需要，计算出人均的最低卡路里的需要量；第三步，根据总人口和卡路里总量，计算出一个国家或地区可获得的人均卡路里；第四步，考虑获得粮食的不平等状况，适当进行调整；第五步，计算一个国家或地区的食物摄入量低于最低需要量的百分比；第六步，根据这一百分比，乘以人口总量，求出营养不良的人口总数。

FAO的计算方法是一种比较宏观的方法，操作起来也比较简便，同时还便于进行国际间的对比。当然，FAO营养摄入法没有考虑人们食物需求的结构问题，没有考虑在不同地区的粮食配置等问题。

（2）美国粮食安全的问卷调查评估方法。美国采用微观问卷调查法来评价粮食安全，问卷包括住户、成年人和儿童3大类18个问题。美国人均热量摄入量较高，似乎不存在粮食问题，但问卷调查显示，美国仍存在部分人营养不足的状况。美国的问卷调查法没有涉及消费结构的变化及对粮农的影响，这在美国似乎无须讨论，但在中国却至关重要。

美国联邦政府农业部经济研究局从1997年开始编制和发布美国居民粮食安全状况的报告（Household Food Security in the United States）。美国政府并没有按照FAO的营养不足的标准去进行调查和评价，而是采用问卷调查的方法进行评估。问卷包含了18个有关粮食消费条件和行为的问题，大致分为以下三类。第一类是住户项目，包括3个问题：①担心在我（我们）有钱购买更多的食品之前把食物消费完毕；②所购买的食品不能持久，我（我们）没有钱再购买更多的食品；③消费不起营养均衡的食物。第二类是针对成年人的项目，包括7个问题：④成年人缩减进食量或减少进餐顿数；⑤成年人所食用的饭食量少于应该食用的数量；⑥成年人在三个月或三个月以上都缩减饭食量或减少进餐顿数的；⑦成年人由于没有足够的支付能力购买食物而挨饿；⑧成年人体重下降；⑨一整天未进餐；⑩在三个月或三个月以上有一整天未进餐。第三类是针对儿童的项目，包括8个问题：⑪依赖少数几种低价食物来喂养儿童；⑫不能为儿童提供营养均衡的食品；⑬儿童吃不饱；⑭缩减儿童的饭食量；⑮儿童挨饿；⑯儿童减少进餐顿数；⑰在三个月或三个月以上儿童减少进餐顿数；⑱儿童一整天未进餐。

根据受访者对以上问题的“是”或“否”的回答，就可以计算出粮食不安全的状况。美国农业部经济研究局也指出，由于调查对象不包括城市中的无家可归者，再考虑到某些家庭不愿承认挨饿的窘况，所以这种调查和计算的结论可能低估了粮食不安全的程度。可见，美国的这种评估方法，能够更准确地反映一个国家或地区粮食安全的真实状况。因为它是建立在一个个家庭或个人的基础之上的。如果按照FAO的方法计算，美国应该不存在粮食不安全的问题，因为其人均热量摄入量要大大高于 FAO 规定的标准。

2. 国内研究采用的方法

目前，国内众多学者对我国粮食安全状况展开研究，分别从不同角度建立评价指标体系对粮食安全状况进行了评价，现有研究的主要差别在于评价指标体系、评价权重等差异。

胡靖（2003）的单指标分析法。根据我国卫生部推荐的营养标准，每人每日需摄入2 400千卡热量、70 克蛋白质和 65 克脂肪，而这些营养需要粮食 0.681 千克，年均 248.56 千克。由此，胡靖的单指标分析法的公式为：人均粮食占有量/粮食需求最低数（248.56 千克）。该指标越高，粮食安全程度越高。

朱泽（1998）的 4 指标简单平均法。为计算粮食安全系数，朱泽假设：一国的粮食安全可以由粮食产量波动率、粮食储备率、粮食自给率和人均粮食占有量来解释，4 个指标对粮食安全系数的解释度或权重是等同的。该指标越接近 1，粮食安全水平越高。

徐奉贤（1999）的 5 指标简单平均法。其思路与朱泽的 4 指标简单平均法相同但认为应在 4 指标中加入"低收入者阶层的粮食保障水平"这个指标。这样，粮食安全系数是粮食总产量波动系数、粮食自给率、粮食储备水平、人均粮食占有量和低收入者粮食保障水平 5 项指标的简单平均值。

马九杰等（2001）的 5 指标加权平均法。马九杰等人认为，不同因素对粮食风险的影响程度不同，粮食安全指数是食物及膳食能量供求平衡指数、粮食生产波动指数、粮食储备—需求比率、粮食国际贸易依存度系数、粮食及食物市场价格稳定性，各指标权重依次为：0.3、0.2、0.2、0.1、0.1。

刘晓梅（2004）的 4 指标加权平均法。此方法是朱泽的方法和马九杰等人方法的综合，它采用了 4 个指标：人均粮食占有量、粮食总产量波动率、粮食储备率和粮食进口率，这 4 个指标可以反映粮食安全状况且不存在交叉关系。根据重要性赋予权数，4 个指标的权重分别为：0.4、0.3、0.2 和 0.1。

高帆（2005）的8指标法。高帆（2005）从生产、消费、流通、贸易等角度建立评价指标，采用加权平均方法评价中国粮食安全。包括的指标：生产方面的粮食生产波动系数、人均粮食占有率；消费方面的恩格尔系数、贫困人口比；流通方面的粮食价格上涨率、粮食储备率；贸易方面的粮食自给率、粮食进口占总进口的比重等。作者根据对各自重要性的判断，将8个指标的权重分别赋予0.1、0.2、0.1、0.1、0.2、0.1、0.1、0.1。

刘景辉等将粮食安全评价指标归纳为数量安全、质量安全、空间安全、时间安全和市场安全5类，然后将以上指标细化，建立粮食安全评价指标体系。孙复兴等根据现阶段国情，按宁自军等的指标选取方法把粮食安全指标分解为生产安全指标、流通安全指标和消费安全指标，并建立细化指标体系。国家统计局农村社会经济调查司以供求平衡系统作为切入点，将粮食安全理解为粮食供需平衡系统，其子系统主要包括供给、需求、市场和库存。通过进一步对各子系统进行了细化指标的选取，确定了由4个子系统、14个细化指标组成的粮食安全评价指标体系。

（二）现有评价方法的不足

国外研究通常较注重微观层面的粮食安全问题，如个人购买能力等，对宏观层面的安全问题关注相对较少，而这对保障像中国这样的人口大国的粮食供给具有重要影响。国内众多学者主要从粮食安全角度研究粮食问题，为本项目研究提供了一定基础，但现有研究中以下几方面仍应澄清或进一步研究：

第一，对粮食安全系统性评价有待进一步研究。需要在充分考虑到储备和进出口的基础上，进一步完善粮食安全评价模型；同时，由于口径问题，粮食的进出口数量也经常被错误估算；有些模型则仍然停留在以产需平衡替代供求平衡的阶段。

第二，指标体系还不够合理。大多数研究隐含假设是：国家粮食安全就是家庭的粮食安全；粮食供给有保障就实现了粮食安全；粮食过剩不会存在潜在风险。显然，没有很好地体现粮食风险的系统特征，指标体系还有完善空间。

第三，对粮食流通效率考虑较少。大多数学者在评价粮食供求状况或粮食安全时未考虑流通效率，在评价粮食安全时，以粮食价格上涨率表示粮食流通效率。显然，粮食价格上涨率是粮食供求比较、粮食流通以及粮食政策等诸多因素共同作用的结果，因此，以粮食价格上涨率表示粮食流通效率可能是不全面的。

（三）本报告对于中国粮食安全的评价方法

粮食安全评价是对粮食生产、库存、进出口、流通、消费等进行全面评价，分析我国粮食安全状况，把握粮食安全走势，分析存在的潜在问题及可能影响因素。为全面分析我国粮食安全状况，本项目研究采用粮食预警系统研究方法，从粮食安全预警视角，构建粮食安全评价的预警模型、建立粮食安全评价的警情指标、警兆指标及警源指标，对我国粮食安全状况进行系统评价。

1. 粮食安全评价指标体系模型

本项目研究根据粮食安全特点，构建粮食安全评价与预警模型，涵盖粮食生产、粮食进口、粮食储备、粮食物流等指标体系，综合利用专家意见法与客观指标法等建立粮食安全评价的权重系数，形成粮食安全评价预警模型，形成粮食安全状况的综合评价系数。

指标权数的确定一般有两种方法：一是主观赋权，即专家赋权，是指通过一定方法综合多位专家对各指标给出的权重进行赋权。这种方法的缺点是受人为因素的影响较大。二是客观赋权，是指从原始数据出发，通过一定的数学转换，运用数理统计方法取得指标权重的一种赋权方法，为克服主观赋权的主观性，本项目研究采用客观赋权的方法确定指标权重。

2. 粮食安全评价的警情、警兆指标体系

根据预警的警情指标设计目的，构建粮食安全评价的警情指标体系，建立粮食生产、粮食进口、粮食储备及粮食流通等四个安全系数。

3. 粮食安全评价的警源指标体系

结合粮食市场特点，粮食生产、储备、进口、物流等内外影响因素，建立粮食安全评价的警源指标体系，以分析粮食安全状况的影响因素（表1-1）。

表 1-1 粮食安全评价指标体系

<table>
<tr><th>一级指标</th><th>二级指标</th><th>三级指标</th><th>四级指标</th></tr>
<tr><td rowspan="18">粮食安全总指数</td><td rowspan="6">粮食生产安全系数</td><td rowspan="5">粮食生产波动率</td><td>粮食播种面积变化率</td></tr>
<tr><td>农业生产资料投入变化率</td></tr>
<tr><td>农业从业人员变化率</td></tr>
<tr><td>农业科技投入</td></tr>
<tr><td>自然灾害率</td></tr>
<tr><td>粮食生产集中度</td><td>粮食生产集中率</td></tr>
<tr><td rowspan="5">粮食进口安全系数</td><td>对外依存度</td><td>粮食净进口依存度</td></tr>
<tr><td rowspan="3">国际粮食市场稳定性</td><td>国际粮食价格波动率</td></tr>
<tr><td>国际贸易中的价格需求弹性</td></tr>
<tr><td>粮食进口占世界粮食出口总量比率</td></tr>
<tr><td>粮食受控风险</td><td>我国粮食进口集中度</td></tr>
<tr><td>粮食储备安全系数</td><td>粮食储备率</td><td>政府粮食储备率</td></tr>
<tr><td rowspan="2">粮食物流安全系数</td><td>粮食物流效率</td><td>粮食四散化比率</td></tr>
<tr><td>粮食物流产业竞争力</td><td>国有粮食经营效率</td></tr>
<tr><td rowspan="4">粮食消费安全系数</td><td rowspan="2">居民消费水平</td><td>实际收入增长率</td></tr>
<tr><td>恩格尔系数</td></tr>
<tr><td>粮食基本保障</td><td>人均粮食满足率</td></tr>
<tr><td>粮食价格波动</td><td>粮食价格上涨率</td></tr>
</table>

三、粮食安全评价方法的进一步说明

（一）统计指标

1. 粮食生产层面指标选择

生产方面将主要采用三个指标：粮食产量波动系数、农业技术进步贡献率、粮食生产集中度。其中粮食产量波动系数主要反映当期粮食生产的能力，农业技术进步贡献率主要反映未来粮食生产的潜力，另外，我国粮食生产主要集中在黑龙江、吉林、辽宁、河南、安徽、山东、四川、湖南、江苏、江西等省份，粮食生产相对集中，我们用粮食生产集中度来反映粮食生产的空间结构。下面将对三个指标分别进行解释。

（1）粮食产量波动系数。粮食生产受气候、投入、价格、政策等不确定因素的影响，年际产量往往有波动（或称变异），波动幅度大小在一定程度上反映了一个国家的粮食安全水平。粮食产量在年际间的变化可以用波动系数或不稳定数（instability index）来表示。波动系数越大，表示粮食安全水平越低。

为了计算和数据搜集的方便，对斯韦德伯格波动系数做了简化，简化了的斯韦德伯格波动系数表示为：

$$V_t=\frac{Y_t-\hat{Y}_t}{\hat{Y}_t}\times 100\%$$

式中，V_t 为粮食总产波动系数。Y_t 为 t 年的实际粮食年产量；$\hat{Y}_t$ 为 t 年的趋势粮食年产量，反映了粮食总产量随时间的推移表现出来的一种较为稳定的增长或下降趋势，本项目研究采用上一年的产量表示。V_t 越大，表示粮食产量增长越快；V_t 越小，表示粮食产量增长越慢。若 V_t 大于零，则表示粮食产量高于趋势产量；若 V_t 小于零，则表示粮食产量低于趋势产量，甚至为负增长；若 V_t 等于零，则表示粮食产量与趋势产量相同，表示粮食产量增长相对较稳定。

（2）粮食生产投入波动系数。粮食生产投入的波动是影响粮食产量变动的直接影响因素，本项目研究分别采用如下方法测算不同生产投入的变动：

①耕地面积变化率。

$$VS_t=\frac{S_t-S_{t-1}}{S_{t-1}}\times 100\%$$

式中，S_t 表示第 t 年粮食播种面积。VS_t 越大，表示粮食播种面积越稳定；VS_t 越小，表示粮食播种面积减少的越快。

②农业从业人员变化率。

$$VAE_t=\frac{AE_t-AE_{t-1}}{AE_{t-1}}\times 100\%$$

式中，AE_t 表示第 t 年年底农业从业人数。VAE_t 越大，表示农业从业人数越稳定；VAE_t 越小，表示农业从业人数减少的越快。

③农业生产资料投入变化率。

$$VAI_t=\frac{AI_t-AI_{t-1}}{AI_{t-1}}\times 100\%$$

式中，AI_t 表示第 t 年农业生产资料投入。VAI_t 越大，表示农业生产资料投入越稳定；VAI_t 越小，表示农业生产资料投入减少的越快。

（3）农业科技投入增长率。赵芝俊等（2006）对 1985—2003 年中国农业技术进步贡献率测算出的结论：①物质投入对农业产出的贡献已经进入平稳增长时期；②现阶段，农业技术进步贡献率是一个与政策导向密切相关的指标。农业技术进步贡献率是反映我国未来粮食生产能力的重要指标，农业部颁布的全国统一方法，即增长速度方程测算法（索洛余值法）。考虑到农业生产资本存量难以估计，本研究以农业科技投入增长率作为农业科技技术进步率的替代变量。具体计算方法如下：

$$RTI_t=\frac{TI_t-TI_{t-1}}{TI_{t-1}}\times 100\%$$

式中，TI_t 表示第 t 年农业科技投入。RTI_t 越大，表示农业科技投入增长越快，农业技术进步率越高；RTI_t 越小，表示农业科技投入增长越慢，农业技术进步率越低。

（4）自然灾害率。粮食生产具有突出的自然属性，自然灾害对影响粮食生产稳定性产生重要影响。本研究以自然灾害率表示自然灾害因素。计算如下：

$$ZHL_t=\frac{SZS_t}{LTS_{t-1}}\times 100\%$$

式中，SZS_t 表示第 t 年粮食生产受灾面积；LTS_t 表示第 t 年粮食播种总面积。ZHL_t 通常大于 0 小于 100%，该值越大，表示自然灾害越严重，粮食生产受到影响越大。

（5）粮食生产集中度。由于气候、环境因素的影响，使得粮食种植呈现出明显的区域性特征，从而粮食生产也呈现出较为集中的特点。这样虽然在一定程度上有利于生产的规模经济，但受自然条件约束较大，一旦由于气候等原因造成粮食减产，必然会影响到粮食的供给。

常见的集中度指标有集中率 CR_n、洛仑兹曲线、基尼系数和赫芬道赫指数 HHI 指数。其中集中率 CR_n 是最基本的市场集中度指标，通常是指在规模上处于前几名企业的市场占有率。在本课题中我们将对这个指标进行修正并用来测算我国粮食生产集中度，在本课题中，n 为省份数；X_i 为居于全国粮食生产第 i 位省份的产量；X 为全国所有省份的生产量。粮食生产集中度公式为：

$$CR_n = \sum_{i=1}^{n} X_i / X$$

式中，CR_n 小于 1，CR_n 越大，说明粮食生产越集中，自然灾害等因素导致粮食减产的可能性越大，但是若该值过小，可能导致粮食生产效率较低，不利于发挥比较优势，因此粮食生产集中度应保持在适当水平。

2. 粮食进出口层面指标选择

关于粮食进出口，我们主要从三个方面去考虑其对我国粮食紧平衡的影响：粮食净进口依存度、粮食进出口集中度和粮食进出口总量占世界粮食进出口总量的比率。

（1）我国粮食净进口依存度 t_n。国内粮食生产、库存及国内需求的缺口问题可通过国际粮食贸易解决。国内供需出现正缺口（供不应求）则需要依赖于净进口弥补，国内粮食过剩时可以向国际市场净出口，净进口（进口减去出口所得净额）反映了一个国家对国际粮食市场的依赖。净出口需求与国内总需求的比率即粮食国际贸易依存度系数是衡量一个国家粮食安全对国际粮食市场依存程度的指标。粮食国际贸易依存度系数的绝对值越大，表明该国粮食安全受国际粮食市场风险影响越大，如来自全球粮食生产与供给波动、主要贸易伙伴的生产供应或需求波动、国际粮食市场价格波动等的影响。我国粮食净进口依存度的高低对我国粮食供求紧平衡的实现具有很重要的影响。

$$t_n = \frac{i_n - o_n}{Q_{dn}} \times 100\%$$

式中，n 表示年度；i_n 表示某一年国内粮食进口总量；o_n 表示某一年粮食出口总量；Q_{dn} 表示某一年国际市场上未包括中国的粮食出口总量。t_n 越大，说明中国粮食进口在国际市场地位越大，粮食进口的风险越高。

（2）粮食进口受控的风险。我国粮食进口和出口的交易对象往往集中在为数不多的国家，而且某类粮食的进出口贸易往往有地理方向集中的趋势。对外粮食贸易地理方向集中可能使得我国粮食进出口过度依赖于某几个国家，会使得我国粮食进口的风险比较大，从而影响到我国粮食供求紧平衡。

$$f_m = \frac{\sum_1^m i_j}{i} \times 100\ \%$$

式中，f_m 表示我国从前 m 名的国家的进口总额占我国粮食进口总额的百分比，其中 i_j 表示我国从排名第 j 位的国家进口的粮食贸易额。

3. 粮食库存层面指标选择

粮食储备是在新的作物年度开始，可以从上一年度供给（包括进口）的作物中得到的粮食，也称作“结转储备量”。FAO 一向重视储备在粮食安全体系中的作用，通常直接用粮食储备水平来衡量全球或一国的粮食安全水平，甚至认为“从狭义上来说，粮食安全是指粮食的库存和有关建立及使用库存的种种安排，其目的是作为粮食歉收时的一种保护手段”。

FAO 在 20 世纪 70 年代末曾提出一个确保全球粮食安全的最低储备水平，即世界谷物的储备量至少要达到占全世界谷物需求量的 17%～18%，其中，周转储备占 12%，后备储备占 5%～6%。但上述结论的成立需要一些假设条件，这些条件具体包括：在作物歉收时，不论储备放在何处，都能够完全地调动和容易得到，而不管谁掌握这些储备；17%～18%的最低储备水平仅仅防备一次严重的粮食歉收，而不考虑连续两年或两年以上发生的紧急情况等；粮食库存量是根据时间序列估计的，也就是说，未来谷物供给量和需求量的变化与过去的变化相同；在估计安全储备水平时，已考虑到小麦、玉米和粗粮三种谷物之间某种替代的可能性。

从粮食储备主体来看，粮食储备包括政府粮食储备、企业粮食储备与农户粮食储备。政府粮食储备是反映国家应对粮食供应失衡，抵御粮食经济中可能出现的各种不测事件的能力的指标；企业粮食储备是指企业自身抵御粮食经济中出现各种不测事件的能力；农户存粮是农村人口粮食消费的主要来源。就保证粮食紧平衡角度来说，政府粮食储备对维持粮食市场平衡具有至关重要作用。因此，在考虑库存方面时，我们主要考虑政府粮食储备。考虑到我国人口众多、自然灾害频繁、农业生产基础薄弱等因素，我国应略高于 FAO 标准。因此，将年消费量的 18%作为最低储备安全标准。粮食储备率的计算公式如下，

$$SR_t=\frac{政府粮食储备量}{当年粮食消费量}\times 100\%$$

SR_t 越大，说明粮食储备越多，政府抵御粮食市场风险能力越强，但是过高的粮食储备率可能导致政府财政负担过重，因此，SR_t 应保持在适当水平。

4. 粮食物流层面指标

粮食物流是指粮食从生产、收购、储存、运输、加工到销售整个过程中的实体运动以及在流通环节的一切增值活动，它涉及粮食的运输、储存、装卸、包装、加工、配送和信息等一系列环节。我国的粮食物流与国际先进水平相比，在观念上和体制上仍存在比较明显的差距，需要借鉴国外经验，积极打造现代化的粮食物流体系，提高我国粮食流通效率。显然，测度粮食物流安全程度指标应综合考虑粮食收购、运输、储存、加工、销售等环节，其中重要环节是运输环节即运输效率。在粮食存量相对固定情况下，尤其是即期及短期条件下，粮食运输效率直接决定着粮食安全水平。当今，现代粮食物流体系的重要特征是"四散化"粮食物流体系的发展程度，这对国家整体粮食安全水平产生重要影响。因此，本研究采用粮食四散化程度作为工具变量表示粮食物流层面指标。由于目前仍没有该指标的统计数据，本研究采用问卷调查方式直接对国家、地区粮食管理部门以及企业单位等调查，以获取该指标数据。

5. 粮食消费层面指标选择

（1）居民消费水平。主要包括以下几个方面的指标：

①居民实际收入增长率。居民收入水平是影响粮食供求平衡的重要的影响因素。居民收入越高其对粮食支付能力越强，对粮食需求的可能随之相应增加；居民收入越高其对间接粮食需求越多，这两项因素共同作用可能导致粮食需求快速增长。因此，我们将居民实际收入增长率作为影响粮食需求的最重要的因素加以考虑。

②恩格尔系数。恩格尔系数通常表示居民生活水平的重要经济变量，恩格尔系数越低，说明居民生活水平越高，一般来说，居民对间接粮食需求量越多。我们将粮食需求分为两类：直接需求和间接需求，其中直接需求主要指口粮需求，间接需求包括饲粮和工业用粮需求。随着人们生活水平的提

高，间接用粮不断上升，反映在消费结构上就是口粮消费下降，饲粮和工业用粮消费上升。间接粮食需求的增加将直接影响到我国粮食安全，因此我们将恩格尔系数纳入衡量紧平衡指标体系之列。

（2）人均粮食满足率。平均每个国民的粮食占有量，一定程度上反映了该国粮食安全的水平，合理的人均粮食占有量是实现粮食供求紧平衡的关键。我们设表示人均占有量的警戒线，即标准值。根据相关研究表明，从营养需求角度看，每人每年大概需要粮食为 248.56 千克。因此，在计算人均粮食满足率时，我们用实际占有量与标准值的差额与标准值的比值进行衡量，公式如下：

$$R_p = (Q_{实} - Q^*)/Q^* \times 100\%$$

其中，R_p 表示人均粮食满足率，$Q_{实}$ 表示实际人均粮食购买量，本研究按照 350 千克水平作为基础水平进行测算。

（二）数据来源

本研究涉及国内外粮食生产、进口、储备、物流、消费等数据资料，相关数据主要来自《中国统计年鉴》、《中国农村统计年鉴》、《中华人民共和国海关统计年鉴》、《国际年鉴》、《中国粮食行业发展报告》等。

（三）分析思路

本研究将按照预警分析系统，对我国粮食安全状况展开评价。结合预警系统分析思想，本项目研究构建粮食安全评价的预警分析系统，利用粮食安全评价的预警模型对我国粮食安全整体状况进行评价，利用粮食安全评价的警情指标体系分析我国粮食安全状况，结合粮食安全评价的警兆指标体系分析我国粮食安全变动趋势，采用警源指标分析我国粮食安全及其演变的影响因素。

第二部分　中国粮食安全状况与评价

粮食安全是复杂的系统，涉及粮食生产安全、粮食储备安全、粮食进口安全、粮食物流安全、粮食消费安全等，根据第一部分研究方法与研究思路，本章首先对我国粮食安全现状进行详细的分析，进而采用主成分研究方法对粮食安全水平进行综合分析，研究发现2008年，粮食安全水平不断提高，但是粮食生产、消费、物流等结构矛盾日益凸显，突出体现在粮食生产结构矛盾与居民购买力相对下降等。

一、中国粮食安全现状分析

（一）粮食总体生产现状

1. 中国粮食产量及其构成

近年来，我国粮食生产保持持续增产，全国粮食生产总产量连续3年维持在5亿吨以上。在粮食生产面积变化不大的情况下，2009年全国粮食总产量达到53082万吨，创历史最高水平，比1949年增长近4倍，比1978年增长70%以上，比2007年增产近6%，国家粮食安全水平大大提高。2009年，我国粮食单位面积产量达到487千克/亩*，达到历史最高水平。2007年以来，我国粮食单产持续保持在470公斤/亩以上，这是我国粮食生产持续增产的重要原因。

从各粮食品种生产情况来看，谷物、豆类、薯类三大类粮食品种生产存在一定差异。2009年，我国谷物作物生产保持较好的增产态势，从2007年的45632万吨增产到2009年的48156万吨，增产接近2500万吨（图2-1）；豆类作物产量略有所增长，从2007年的1720万吨增长到2009年的1930万

* 亩为非法定计量，15亩=1公顷。——编者注

吨，增产200万吨；薯类作物也保持较好的生产态势，从2007年的2808万吨增产到2009年的2995万吨，增产接近200万吨。就谷物生产情况来看，2009年我国稻谷、小麦、玉米均保持较好增产势头，其中稻谷产量达到19510万吨，增产接近800万吨；小麦产量达到11511万吨，增产500万吨左右；玉米增产幅度较大，从2007年的15230万吨增产到2009年的16397万吨，增产超过1100万吨。

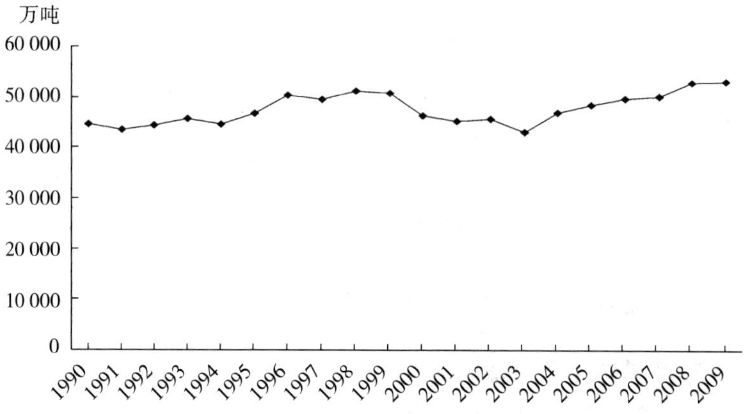

图 2-1　1990—2009 年我国粮食生产总体情况

就粮食生产分品种构成来看，稻谷生产所占比重仍相对较高，小麦与玉米所占比重相对稳定。1990—2009年，我国稻谷产量占粮食总产量比重发生了一定变化，大致可分为两个阶段：1990—2000年基本保持在40%以上，但是2001—2009年该比重从39%下降到了37%，且均处于40%以下。1990—2009年，小麦产量占粮食总产量比重基本维持在20%～25%，保持了比较相对稳定状态。1990—2009年，玉米产量占粮食总产量出现了比较显著的增长趋势，尤其是2000年以来，玉米产量所占比重从2000年的23%持续增长到2009年的31%，这可能与居民消费水平提高，动物性产品需求增加，导致对以玉米为原料的饲料需求的增长有关（表2-1）。

表 2-1　1990—2009 年我国粮食生产结构

单位：%

年份	稻谷	小麦	玉米
1990	42	22	22
1991	42	22	23
1992	42	23	22
1993	39	23	22
1994	40	22	22
1995	40	22	24
1996	39	22	25
1997	41	25	21
1998	39	21	26
1999	39	22	25
2000	41	22	23
2001	39	21	25
2002	38	20	27
2003	37	20	27
2004	38	20	28
2005	37	20	29
2006	36	22	30
2007	37	22	30
2008	36	21	31
2009	37	22	31

资料来源：中华人民共和国统计局．2010．中国统计年鉴（2010）[M]：北京：中国统计出版社．

2. 中国粮食产出的历史比较

与粮食生产历史相比，近年来尤其是 2005 年以来，我国粮食生产保持了连续增产态势，各主要粮食作物也保持持续增产。1949 年以来，特别是改革开放以来，我国粮食生产取得了突破性发展，实现了历史性跨越。我国主要农产品大幅度增长，实现了粮食总量基本平衡、丰年有余，满足了全国十几亿人的吃饭和城乡居民生活改善的需要，为我国经济较快发展提供了重要支撑。1949 年以来，我国粮食生产先后登上了3 000亿斤*、4 000亿斤、

* 斤为非法定计量，1 斤＝500 克。——编者注

5 000亿斤、6 000亿斤、7 000亿斤、8 000亿斤、9 000亿斤、10 000亿斤八个台阶。新中国成立以来，我国粮食生产呈波动增长态势，由1949年的2 264亿斤增长至2008年的10 000亿斤以上，粮食总产量增长4.5倍，平均每年增长率为3%以上。

从粮食波动性来看，1990年以来，我国粮食生产经历了较大波动，近年来粮食保持了较稳定增产趋势。1997—1999年，我国粮食生产连续保持高产。1997年，我国粮食产量虽然比上年减少2.05%，仍达到9 883.42亿斤。1998年，粮食总产量达到10 246亿斤，年增长率为3.67%，比1984年增加210亿斤，增长了25.8%。1999年虽然粮食增长率为−0.76%，但仍保持10 000亿斤左右。2000—2003年，我国粮食生产出现了较大幅度下降。2000年，粮食产量比上年减产924亿斤，减幅达9.1%；2001年粮食产量又比上年减产191亿斤，减幅为2.1%；2002年，粮食产量有所增长，增幅为1%；2003年，粮食产量再次大幅下降，仅为8 600亿斤左右。2004—2009年，在“政策好，人努力，天帮忙”的情况下，我国粮食产量持续增长，从2004年的9389亿斤增长到2009年的10 600亿斤。2009年，粮食总产量、粮食单产均创历史最高水平。

分品种来看，谷物作物生产保持较好增长势头，豆类、薯类作物生产的波动性相对较大。2004年以来，我国的粮食总产量呈现持续增产趋势，其中稻谷、小麦、玉米等谷物生产也实现了连续增产。2009年，我国谷物产量达到了历史最高水平，达到48 156万吨，与1990年相比增产超过9 000万吨，比2000年增产接近900万吨；与1990年相比，稻谷增产超过了900万吨，比2000年增产接近1 000万吨；与1990年相比，小麦增产超过了300万吨，比2000年增产接近200万吨；与1990年相比，玉米增产接近1 000万吨，比2000年增产接近600万吨（表2-2）。但是，豆类与薯类作物生产基本处于徘徊略有下降趋势。1990—2009年，我国豆类作物产量呈现先降后升现象，尤其是2009年豆类作物产量增产显著。近年来，我国薯类作物生产增产幅度也相对较小，与1990年相比，薯类作物产量仅增产了200万吨，比2000年减产了接近700万吨。

从粮食产量增产速度来看，我国粮食生产保持了罕见的连续增产势头。2004年以来，我国粮食生产保持连续五年连续增产，其中2004年与2003年

表 2-2　2000—2009 年我国粮食生产总体情况

单位：万吨

年份	粮食	谷物	稻谷	小麦	玉米	豆类	薯类
1990	44 624	38 438	18 933	9 823	9 682		2 743
1991	43 529	39 566	18 381	9 595	9 877	1 247	2 716
1992	44 266	40 170	18 622	10 159	9 538	1 252	2 844
1993	45 649	40 517	17 751	10 639	10 270	1 950	3 181
1994	44 510	39 389	17 593	9 930	9 928	2 096	3 025
1995	46 662	41 612	18 523	10 221	11 199	1 788	3 263
1996	50 454	45 127	19 510	11 057	12 747	1 790	3 536
1997	49 417	44 349	20 073	12 329	10 431	1 876	3 192
1998	51 230	45 625	19 871	10 973	13 295	2 001	3 604
1999	50 839	45 304	19 849	11 388	12 809	1 894	3 641
2000	46 218	40 522	18 791	9 964	10 600	2 010	3 685
2001	45 264	39 648	17 758	9 387	11 409	2 053	3 563
2002	45 706	39 799	17 454	9 029	12 131	2 241	3 666
2003	43 070	37 429	16 066	8 649	11 583	2 128	3 513
2004	46 947	41 157	17 909	9 195	13 029	2 232	3 558
2005	48 402	42 776	18 059	9 745	13 937	2 158	3 469
2006	49 804	45 099	18 172	10 847	15 160	2 004	2 701
2007	50 160	45 632	18 603	10 930	15 230	1 720	2 808
2008	52 871	47 027	19 190	11 246	16 591	1 554	2 980
2009	53 082	48 156	19 510	11 512	16 397	1 930	2 995

资料来源：中华人民共和国统计局．2010．中国统计年鉴（2010）［M］．北京：中国统计出版社．

相比增产了 9%，是 1990 年以来的粮食增产速度最快的年份，2009 年在 2007 年的基础上又大增了 0.4%，粮食总产量达到了历史最高水平。2004 年以来，我国三大谷物作物稻谷、小麦、玉米均保持 5 年连续增产，其中 2004 年稻谷增产了 11.47%，2006 年小麦增产了 11.31%、2004 年玉米增产超过 12%。相比之下，豆类、薯类作物生产出现了较大的波动，其中 2009 年豆类总产量较 2007 年下降了 5.5%，2006 年薯类总产量较 2005 年下降了 22.14%（表 2-3）。

总体来看，我国粮食生产总量基本保持了稳定的增产趋势，其中谷物作物产量增长趋势尤为明显，而豆类、薯类作物产量的波动性相对较大。

表 2-3　2000—2009 年我国粮食生产增长率（环比）

单位：%

年份	粮食	谷物	稻谷	小麦	玉米	豆类	薯类
1990	—	—	—	—	—	—	—
1991	−2.45	2.94	−2.91	−2.32	2.02	—	−1.00
1992	1.69	1.52	1.31	5.87	−3.43	0.39	4.72
1993	3.12	0.87	−4.68	4.73	7.68	55.78	11.85
1994	−2.49	−2.78	−0.89	−6.67	−3.34	7.44	−4.89
1995	4.83	5.64	5.28	2.93	12.80	−14.70	7.84
1996	8.13	8.45	5.33	8.18	13.83	0.16	8.38
1997	−2.05	−1.72	2.89	11.50	−18.17	4.76	−9.72
1998	3.67	2.88	−1.01	−11.00	27.46	6.67	12.90
1999	−0.76	−0.70	−0.11	3.79	−3.66	−5.33	1.01
2000	−9.09	−10.56	−5.33	−12.50	−17.24	6.13	1.22
2001	−2.06	−2.16	−5.50	−5.79	7.63	2.14	−3.31
2002	0.98	0.38	−1.71	−3.81	6.33	9.16	2.89
2003	−5.77	−5.95	−7.95	−4.21	−4.52	−5.04	−4.17
2004	9.00	9.96	11.47	6.31	12.48	4.89	1.28
2005	3.10	3.93	0.84	5.98	6.97	−3.32	−2.50
2006	2.90	5.43	0.63	11.31	8.78	−7.14	−22.14
2007	0.71	1.18	2.37	0.77	0.46	−14.17	3.96
2008	5.40	4.85	3.15	2.89	8.94	18.80	6.13
2009	0.40	0.65	1.67	2.36	−1.17	−5.53	0.51

资料来源：中华人民共和国统计局 . 2010. 中国统计年鉴（2010）[M] . 北京：中国统计出版社 .

（二）粮食政府储备现状

1. 中国粮食的储备规模及其构成

中国幅员辽阔、人口众多、农村分散、运距遥远，为保障国家粮食安全，应该树立适度粮食储备观。它的主要内涵包括两方面：一方面粮食储备既不可过量、多多益善，把财富变成包袱；另一方面粮食储备又不可不足、越少越好，导致不能满足需要。也就是说，粮食储备规模和储备结构应该保持适度。从中国国情出发，国家粮食储备的安全线应该适当高于 FAO 提出的 17%～18%的粮食安全警戒线。具体说，中国粮食储备的规模应维持在相当于当年全国粮食消费量 25%～30%的水平上。基于这一理念，目前国家粮食储备总量高于FAO提出的粮食安全警戒线是必要的。目前国家粮食储备总量是充足的，为保障中国粮食安全提供了雄厚的物质基础。从中国粮食产销格局、地区经济发展不平衡和应对不可测事件出发，国家粮食储备不仅需要数量充足，而且还需要结构合理。首先是品种结构。要以大米、小麦、玉米等3大谷物为主要储备品种，还需储存适量的大豆和食用植物油，以备应急之用。其次是布局结构。国家粮食储备适当向粮食主产区倾斜，从确保粮食安全出发，应在粮食主销区和粮食基本自给区安排足够的国家粮食储备。目前，国家应该适量增加稻谷的储备量，粮食主销区应该充实地方粮食储备。

20世纪50年代，我国粮食储备率年均14.6%，60年代年均13.3%，70年代年均14.7%，80年代年均20.2%，90年代年均34.8%，近年来在40%之上。按照国务院的统一部署，为全面准确客观地掌握粮食库存的真实情况，2009年4月至8月，国家开展了全国范围的粮食库存清查工作，目前已顺利结束。清查结果表明，2009年3月末全国国有粮食企业粮食总库存2 254亿千克（原粮），账实相符率为99.7%，质量总体良好，质量合格率为97.1%，宜存率为99.1%。总库存中超过一半以上的粮食为2008年收获的新粮，库存品种结构更加合理，区域布局进一步改善。粮食清仓查库结果表明，全国粮食库存管理总体良好，管理水平逐年提高，检查时点粮食库存数量真实，质量良好，储存安全。但粮食库存管理还存在一些问题和薄弱环节，主要是一些企业库存管理基础工作比较薄弱，个别企业管理粗放，存在执行政策不规范，少量政策性粮食质量较差等。

2. 中国粮食储备的国际比较

与世界平均库存相比，我国粮食库存比率保持了较高比例。从世界库存率来看，2000年以来，世界平均库存率持续下降，其中水稻库存绝对规模从14 700万吨持续下降到2008年的7 200万吨，库存比率从2000年的37%持续下降到2008年的17%；小麦绝对规模从20 600万吨持续下降到2008年的11 000万吨，库存比率从2000年的35%持续下降到2008年的18%；玉米库存绝对规模从17 400万吨持续下降到2008年的10 200万吨，库存比率从2000年的29%持续下降到2008年的13%（表2-4）。受到世界粮食增产等因素影响，2008—2009年度世界粮食消费、粮食库存有较大幅度提升。

表 2-4 世界粮食库存

单位：百万吨，%

品 种	水 稻			小 麦			玉 米		
类别	消费	库存	库存比	消费	库存	库存比	消费	库存	库存比
2000/2001	395	147	37	584	206	35	610	174	29
2001/2002	413	133	32	585	202	34	624	151	24
2002/2003	408	104	25	604	166	28	629	126	20
2003/2004	413	82	20	588	132	23	649	105	16
2004/2005	408	75	18	607	151	25	688	131	19
2005/2006	416	77	18	624	148	24	704	124	18
2006/2007	419	75	18	616	125	20	721	107	15
2007/2008	424	72	17	619	110	18	772	102	13
2008/2009*	433	86	20	646	158	24	772	143	19

数据来源：美国农业部，2008 转引自：Farm and Trade Inc，2008.

注："*"表示 2008/2009 年度数据来自于：聂振邦．2009. 中国粮食发展报告．北京：经济管理出版社。

（三）粮食国际贸易现状

1. 中国粮食进出口及其构成

自 2007 年农产品国际市场发生显著变化，特别是世界粮食供求偏紧，粮食库存不断下降以及粮食价格总体持续上涨。2009 年，我国粮食进出口总量达到6 166万吨，较 2007 年增长近2 000万吨，增长幅度达到 6%左右。其中，谷物进出口总量达到 420 万吨，小麦进出口总量为 90 万吨，大米进出口总量为 112 万吨，大麦进出口总量为 175 万吨，玉米进出口总量为 21 万吨，大豆进出口总量达到4 290万吨，食用植物油进出口总量达到1 059万吨（表 2-5）。

从我国粮食国际贸易总体结构来看，2009 年我国粮食进口总量所占比重较大，增长速度较快。2009 年，我国粮食进口总量达到5 918万吨，较 2007 年增长2 681万吨，其中谷物进口总量 312 万吨，小麦进口 89 万吨，大麦进口 174 万吨，玉米进口 8 万吨，大豆进口4 255万吨，食用植物油1 046万吨。2009 年，我国粮食出口总量为 248 万吨，出口显著下降，比 2007 年减少了784万吨，其中谷物出口总量108万吨，小麦出口总量1万吨，大米出口总量78万吨，玉米出口总量13万吨，大豆出口35万吨，食用植物油出口13万吨。

2009年，我国粮食净进口量呈现扩大趋势，净进口总量达到5 671万吨，主要进口大豆、食用植物油、大麦、小麦，而大米、玉米均呈现净出口态势。其中谷物净进口总量204万吨，小麦净进口89万吨，大米净出口44万吨，玉米净出口5万吨，大麦净进口172万吨，大豆净进口4 220万吨，食用植物油净进口1 034万吨。

表2-5　2009我国粮油进出口情况

单位：万吨

项目	总量	谷物	小麦	大米	大麦	玉米	大豆	食用植物油
进出口	6 166	420	90	112	175	21	4 290	1 059
进口	5918	312	89	34	174	8	4 255	1 046
出口	248	108	1	78	1	13	35	13
净进口	5671	204	89	−44	172	−5	4 220	1 034

资料来源：中华人民共和国统计局．2010．中国统计年鉴（2010）[M]．中华人民共和国海关统计年鉴（2010）[M]．北京：中国统计出版社．

从农产品出口市场来看，亚洲仍然是我国农产品出口第一大市场，我国对亚洲国家（地区）出口农产品占我国农产品出口总额的70%左右。其中日本、韩国、马来西亚、印度尼西亚及中国香港是主要出口地。欧洲是我国农产品出口的第二大市场，对欧洲国家出口农产品同比增长显著。北美洲是我国农产品出口的第三大市场，对美国出口农产品同比增长25%以上。从总体上看，我国农产品出口市场主要集中在发达国家和地区。

从农产品进口市场来看，北美洲和南美洲分别是我国第一、第二大农产品进口市场。我国从北美洲国家进口农产品略有所下降，从南美洲进口农产品同比增长显著，从北美洲、南美洲进口农产品的金额分别占我国进口农产品总额的30%左右。其中，从美国、阿根廷、巴西和加拿大进口量比较大。从总体上看，我国农产品进口主要来源于土地资源丰富的国家。

总体来说，2009年，我国粮食国际贸易呈现以下特点：

（1）大米、小麦等主要粮食净出口。近年来世界粮食市场供求偏紧，一些主要粮食出口国采取某些限制粮食出口措施，进一步加剧了粮食供求紧张状况。在这种形势下，我国主要粮食进出口仍然保持净出口，特别是大米、小麦和玉米，这表明我国主要粮食品种的供给立足于国内生产，从而化解了世界粮食供求偏紧所带来的贸易压力。

（2）大豆食用植物油进口量巨大。大豆和食用植物油进口数量继续增长，大豆净进口4 220万吨，净进口食用植物油1 034万吨。我国豆油、棕榈油和菜子油的进口量全部位列世界第一，这三大食用植物油进口总量占全球贸易量的20%左右，其中豆油进口量占全球豆油贸易总量的25%左右。

（3）农产品进出口逆差明显增大。近几年，我国农产品对外贸易逆差已经成为常态。2005年和2006年农产品进出口逆差减小，但是2007年农产品进出口逆差又明显增加，2009年粮食净进口5 671万吨。农产品贸易逆差值出现波动并有增加趋势，这既反映出国内资源和农业生产方面的问题，同时也表明在世界政治经济形势和国际市场复杂多变的情况下，我们应对国际局势并及时地进行调控的难度越来越大。

2. 中国粮食进口的历史比较

从国际贸易变动的趋势来看，我国粮食国际贸易总量呈现波动上升趋势。2000—2009年，我国粮食进出口总量从2000年的2 756万吨波动上升到2009年的6 166万吨，增长了3 500万吨以上，主要是大豆、食用植物油进出口总量增长幅度较大，大豆进出口总量从2000年的1 063万吨持续增长到2009年的4 290万吨，增长幅度接近3倍，食用植物油从2000年的160万吨持续增长到2009年的1 059万吨，进出口总量翻了5倍以上（表2-6）。但是，谷物进出口总量出现了波动下降趋势，从2000年的1 693万吨下降到2009年的420万吨，下降幅度达到1 200万吨，其中小麦进出口总量波动较大，从2004年的810万吨下降到2009年的90万吨；大米进出口总量总体也呈现下降趋势，从2000年的319万吨下降到2009年的112万吨；大麦进出口总量总体也呈现下降趋势，从2001年的237万吨下降到2009年的175万吨；玉米进出口总量下降幅度较大，从2000年的1 047万吨下降到2009年的21万吨。

表 2-6　2000—2009 年我国粮油进出口情况

单位：万吨

年份	粮食总量	谷物	小麦	大米	大麦	玉米	大豆	食用植物油
2000	2 756	1 693	88	319	197	1 047	1 063	160
2001	2 639	1 220	114	213	237	900	1 419	178
2002	2 927	1 767	129	223	191	1 168	1 160	329
2003	4 503	2 402	267	288	136	1 639	2 101	547
2004	3 504	1 448	810	167	171	232	2 056	683
2005	4 340	1 641	377	121	218	864	2 699	644
2006	3 826	964	172	198	213	317	2 862	711
2007	4 269	1 141	317	183	91	496	3 128	855
2008	4 510	357	17	126	108	30	3 792	841
2009	6 166	420	90	112	175	21	4 290	1 059

资料来源：中华人民共和国统计局．2010. 中国统计年鉴（2010）[M]．中华人民共和国海关统计年鉴（2010）[M]．北京：中国统计出版社．

从粮食进口情况来看，我国粮食进口增长迅速。2000—2009 年，我国粮食进口总量从 2000 年的1 357万吨持续增长到 2009 年的5 918万吨，增长了4 500万吨，其中主要是大豆、食用植物油增长幅度较大。2000—2009 年，大豆进口总量从 2000 年的1 042万吨持续增长到 2009 年的4 255万吨，增长幅度达到3 000万吨，食用植物油从 2000 年的 149 万吨持续增长到 2009 年的1 046万吨。谷物进口总量呈现一定下降趋势，谷物进口量从 2004 年的 975 万吨持续下降到 2009 年的 312 万吨；小麦进口总量波动较大，从 2004 年的 732 万吨持续下降到 2009 年的 89 万吨；大米进口总量总体比较稳定，2004 年以来略有所下降；大麦进口总量总体比较稳定，但略有所下降；我国玉米进口总量较少，变化也较小（表 2-7）。

从粮食出口情况来看，我国粮食出口波动较大，2009 年出口量相对较少。2000—2009 年，我国粮食出口总量从 2000 年的1 339万吨下降到 2009 年的 248 万吨，下降了1 000多万吨，其中玉米下降较大。2000—2009 年，谷物出口呈现显著下降趋势，谷物出口量从 2000 年的1 378万吨持续下降到 2009 年的 108 万吨，其中下降幅度较大的是玉米，玉米出口量从 2003 年的1 639万吨持续下降到 2009年的 13 万吨，小麦、大米出口量总体变动不大；

表 2-7　2000—2009 年我国粮油进口情况

单位：万吨

年份	粮食总量	谷物	小麦	大米	大麦	玉米	大豆	食用植物油
2000	1 357	315	88	24	197	0	1 042	149
2001	1 738	344	69	27	237	0	1 394	165
2002	1 417	285	60	24	191	1	1 132	319
2003	2 282	208	43	26	136	0	2 074	541
2004	2 998	975	732	76	171	0	2 023	676
2005	3 286	627	351	52	218	0	2 659	621
2006	3 183	359	61	73	213	7	2 824	671
2007	3 237	155	10	49	91	4	3 082	838
2008	4 131	181	4	30	108	5	3 744	816
2009	5 918	312	89	34	174	8	4 255	1 046

资料来源：中华人民共和国统计局．2010．中国统计年鉴（2010）［M］．中华人民共和国海关统计年鉴（2010）［M］．北京：中国统计出版社．

大豆出口总量略有所上升，从 2000 年的 21 万吨增长到 2009 年的 35 万吨，食用植物油出口也较少，远远低于其进口量（表 2-8）。

表 2-8　2000—2009 年我国粮油出口情况

单位：万吨

年份	粮食总量	谷物	小麦	大米	大麦	玉米	大豆	食用植物油
2000	1 399	1 378	0	295	—	1 047	21	11
2001	901	876	45	186	—	900	25	13
2002	1 510	1 482	69	199	—	1 167	28	10
2003	2 221	2 194	224	262	—	1 639	27	6
2004	506	473	78	91	—	232	33	7
2005	1 054	1 014	26	69	—	864	40	23
2006	643	605	111	125	—	310	38	40
2007	1 032	986	307	134	—	492	46	17
2008	379	176	12.6	96.9	—	25.3	48	25
2009	248	108	1	78	1	13	35	13

资料来源：中华人民共和国统计局．2010．中国统计年鉴（2010）［M］．中华人民共和国海关统计年鉴（2010）［M］．北京：中国统计出版社．

从粮食净进口情况来看，我国粮食国际贸易净进口规模不断提高，我国逐渐由粮食净出口国转变为粮食净进口国，主要是由于大豆、食用植物油进口快速增长所致，油脂外向依存度不断提高。2000—2009年，除部分年份净进口一定数据小麦外，绝大部分谷物作物是净出口。但是，2000—2009年，大豆、食用植物油均是净进口，且总净进口量不断扩大，其中大豆净进口量从2000年的1021万吨持续增长到2009年的5 671万吨，增长了360%以上，年均增长率达到30%以上，食用植物油从2000年138万吨持续增长到2009年的1 034万吨，增长了6倍以上（表2-9）。

表2-9　2000—2009年我国粮食净进口量

单位：万吨

年份	粮食总量	谷物	小麦	大米	大麦	玉米	大豆	食用植物油
2000	−42	−1063	88	−271	197	−1047	1021	138
2001	837	−532	24	−159	237	−900	1 369	152
2002	−93	−1197	−9	−175	191	−1166	1 104	309
2003	61	−1986	−181	−236	136	−1639	2 047	535
2004	2 492	502	654	−15	171	−232	1 990	670
2005	2 232	−387	325	−17	218	−864	2 619	599
2006	2 540	−246	−50	−52	213	−303	2 786	631
2007	2 205	−831	−297	−85	91	−488	3 036	821
2008	3 752	5	−8	−67	108	−20	3 696	791
2009	5 671	204	89	−44	172	−5	4 220	1034

资料来源：中华人民共和国统计局 . 2010. 中国统计年鉴（2010）[M] . 中华人民共和国海关统计年鉴（2010）[M] . 北京：中国统计出版社 .

注：负数表示净出口。

（四）粮食物流体系现状

1. 中国粮食物流体系建设现状

物流作为一种直接决定企业生产和效益、商品流通成本和效率、消费者对服务的满意度、融高新技术为一体的先进组织方式和管理方式，物流效率已成为企业竞争的一个关键，物流能力被视为企业的核心竞争力，物流被认为是一个国家和地区经济发展的支柱和标志，现代物流在经济生活中的作用越来越明显。粮食物流是指粮食从生产到收购、储存、运输、加工、销售整个过程中的商品实体运动，以及在流通环节的一切增值活动。粮食现代物流要求企业从原材料采购到成品销售全环节相关的运输、仓储、库存、包装、装卸、配送实施一体化高效规范管理，利用现代技术装备的流通基础设施和流通各环节的信息服务，实现粮食物流环节安全、经济、高效。我国是一个农业大国，政府及相关部门对粮食物流一直给予高度重视，长期以来，在粮食物流体系的建设上做了大量的工作，基本保证了粮食商品流通的顺利进行和军需民食的需要。

2008年以来，国家对粮食物流发展支持政策更加明确，加快粮食“四散化”物流体系建设，更加注重粮食物流效率与物流安全。在基础设施建设方面，继续加大粮食物流基础设施建设，逐步健全粮食物流网络，粮食储备设施、运输基础设施尤其是四散化运输设施、粮食加工企业经营条件等得到逐步改善。粮食现代物流运输体系逐步得到健全，我国粮食储存运输现代化特点不断增强。粮食储运四散化设施得到快速发展，浅圆仓、立筒仓、砖圆仓等具有一定机械化功能和“四散”作业能力的仓型比重不断提高。粮食储运技术不断升级，以新型散粮装运方式为带动的高效快速的粮食物流技术不断得到应用与推广。在粮食加工方面，粮食加工技术不断升级，提高了粮食出品率，粮食深加工和主食工业化程度进一步加深。

2. 国外粮食物流发展状况

欧盟、美国、日本等发达国家对粮食物流一直给予高度重视，粮食物流发展较快，物流技术水平也比较发达，粮食运输基本实现了散装化，粮食加工出品率和副产品综合利用率不断提高，有效降低了粮食物流成本，提高了粮食流通效率。

（1）国外粮食物流体系建设现状。在国外，各个国家特别是发达国家，根据本国的实际情况已形成了各自具有特色的相对比较完善的物流体系。总的来说，发达国家的粮食物流已基本上实现了“四散”，即散装、散卸、散运、散存，如美国、法国、澳大利亚等国均有各自比较完备的物流体系。

其一，从粮食储存方式看，无论是农场仓库、收纳库还是港口终端库的粮食储存，基本都是散存。粮仓建设根据不同的要求采取不同的类型，主要是采用适合散粮进出的立筒仓、浅圆仓和钢板仓等。粮仓与运输设施之间衔接配套，技术先进，经济合理。粮库作业采用智能化管理，收纳库、中转库、终端库均配有完善的散粮储存、运输计算机管理信息网络。粮食储存设施先进齐全，设备标准化、专用化、系列化、自动化程度高。

其二，从粮食装卸方式看，粮食接收、发送都是散装为主。农场主用卡车把粮食运至收纳库，粮食从卡车底部卸料口卸下，或用起重机抬起车厢，从后部卸下。粮食落入地坑的栅栏口，由刮板输送机送到斗式提升机的地坑，经斗式提升机提升，然后入仓。收纳库发送粮食多数是铁路运输。火车开始装运时，把装料口调到车厢顶部，粮食从仓内流出，经称重后进入斗式提升机的后入料口，提升到仓顶，经过分配器、装料口进入车厢。粮食的重量到位后，车厢关闭。

其三，从粮食运输方式看，主要是铁路运输、公路运输和水路运输。铁路运输主要是承担从收纳库到港口终端库的粮食运输。铁路运输与公路运输相比，具有运量大、连续性强的特点，因此粮食铁路运输在发达国家占有较高的比重。公路运输主要承担农场仓库与收纳库之间的粮食运输。由于公路运输直接、方便，许多国家粮食公路运量一直比较大。在一些不具备铁路运输条件的收纳库，公路运输就成了唯一的选择。水路运输主要承担由中转库向港口终端库集并的粮食运输和出口粮食的运输。近年来，集装箱运输发展很快，集装箱运输与火车相比，优势在于装卸粮食方便，它实行“门到门”的服务，5～7分钟就可装卸一个容纳20吨粮食的标准集装箱。与一般散装运输比，集装箱运输也具有一定的优越性。散装运输粮食容易遭虫害，也容易造成粮食颗粒因碰撞运输工具而损坏，使粮食等级下降，而集装箱运输就可以减轻或避免这些问题的出现，有效保护粮食品质。

（2）国外粮食物流发展趋势及技术走向。随着经济的发展，商品交易数量和范围的扩大和技术水平的提高，国外粮食物流呈现以下的发展趋势和走向。

第一，粮食物流设施规划更加优化。随着现代物流的发展和提高物流效率的要求，对物流设施的技术改造投入将加大，粮食装卸、储运、周转环节密切衔接配套，公、铁、水运输方式在分工的基础上得到有效结合。“多品种、小批量、多批次、短周期”的消费需要，必然要求物流设施和物流作业要与之相匹配。

第二，粮食物流中加工增值水平进一步提高。随着科学技术的发展和粮食流通效率的提高，人们会对粮油新产品开发和副产品综合利用给予更多的倾注。粮食深加工、精加工水平将出现新的突破。

第三，电子商务在粮食物流中的地位和作用更加重要。首先，电子商务提高了物流的地位。其次，物流是实现电子商务的保证。电子商务对物流提出了更高的要求：信息化、自动化、网络化、智能化和柔性化。

第四，粮食物流人才更加专业化。随着物流理念的更新，粮食物流新技术、新设备的大量出现，粮食物流企业和粮食物流组织者中，无论是管理人员还是操作人员都必须经过专业知识培训和系统的学习，才能接受新理念，使用新技术和新设备，适应粮食物流的新变化，实现粮食物流的科学运作。

第五，国际粮食贸易中集装箱运输所占比重将会增大。目前粮食集装箱运输还只是处于初始阶段，品种也仅限于大豆、油菜子、啤酒大麦等。相信20年后，粮食集装箱运输与现在的散装运输同等重要。

二、中国粮食安全综合评价

（一）粮食产出安全状况

一国的粮食总产量决定了本国的粮食供给能力，粮食产量波动系数反映了粮食数量的稳定状况。从粮食总产量增长来看，2009年，全国粮食总产量继续保持增产，超过5亿吨，在2008年基础上增产了0.4%，国内粮食生产保持6年连续增长势头。从粮食产出安全来说，粮食生产的稳定性对粮食安全具有重要意义。因此，有必要分析近年来我国粮食生产增长的原因，以考察粮食生产增长的可持续性。

考察粮食生产稳定性的重要途径是考察粮食生产投入与产出变动关系。从粮食生产面积来看，粮食播种面积保持了连续增长，2009年粮食播种面积比2007年增长了2.05%，粮食播种面积的稳定与增长是实现粮食连续增长的重要因素。从粮食生产投入变动来看，农业机械总动力继续保持较快增长势头，2009年农业机械总动力增长率达到6.46%，在农村劳动力转移逐渐加快的情况下，农业机械程度的不断提高能够有效缓解粮食生产劳动供给不足的压力。化肥施用量继续保持增长，但增长幅度有所下降，2009年化肥施用量增长率为3.16%，增长幅度处于2004年以来的最低水平，可见化肥等生产投入增长并不是2008年粮食增长的主要原因，当然这可能正是农户化肥使用行为的理性选择，也反映了化肥施用对粮食生产边际递减的作用。农业从业人员继续保持下降趋势，2009 年农业从业人员下降幅度为 3.09%，当然这可能受到国际金融危机的影响，预计在经济形势转好的情况下，农村劳动力转移的幅度还有可能提高，因此，劳动力转移对粮食生产的劳动力供给也可能产生较大影响。农业科技投入是决定粮食生产技术进步的重要因素，2009 年以支农支出比例表示的农业科技投入率保持较高比例，达到 9.5%，达到 2000 年以来的最高水平，是实现 2009 年粮食大幅度增长的重要原因。此外，2009 年较好的气候环境对粮食生产增长产生一定促进作用，自然灾害成灾率由 2007 年的 16.33%下降到 2009 年的 13.39%（表 2-10）。当然，我国粮食生产也呈现出进一步集中的趋势，2009 年粮食生产产量前 10 位省份粮食总产量占全国粮食产量的比例达到 65.12%，与 2007 年相比，增长了近两个百分点，粮食生产集中化在一定程度上提高了农业生产的专业化程度，但是也有可能加剧粮食生产波动，对粮食安全产生潜在风险。

表 2-10 粮食产出安全评价指标

年份	粮食总产量变化率	粮食播种面积变化率	农业机械总动力增长率	化肥施用量增长率	农业从业人员变化率	农业科技投入率	自然灾害受灾率	粮食生产集中率
2000	−9.09	−4.15	7.30	0.54	0.77	7.80	21.99	62.17
2001	−2.06	−2.20	4.94	2.59	1.30	7.70	20.42	62.17
2002	0.98	−2.06	5.00	2.01	0.98	7.20	17.67	62.18
2003	−5.77	−4.31	4.24	1.66	−0.88	7.10	21.33	60.99
2004	9.00	2.21	6.03	5.10	−3.49	8.20	10.61	62.25
2005	3.10	2.63	6.83	2.80	−3.68	7.20	12.84	62.56
2006	2.90	0.65	6.03	3.39	−4.15	7.90	16.19	63.40
2007	0.71	0.65	5.61	3.66	−3.43	8.10	16.33	63.98
2008	5.40	1.09	7.31	2.57	−2.51	8.60	14.26	64.25
2009	0.40	2.05	6.46	3.16	−3.09	9.5	13.39	65.12

资料来源：中华人民共和国统计局.2009.中国统计年鉴（2009）[M].北京：中国统计出版社.

（二）粮食储备安全水平

2009 年的普查数据从侧面验证了学者对我国粮食库存比率的判断，按照普查数据可推算，在我国粮食消费为5亿吨的情况下，国有企业粮食库存为45%，当然这包括了周转储备与后备储备。在缺乏我国粮食库存时间序列数据的情况下，我们可基本将2009年我国粮食库存率确定为45%。可见，单纯从库存规模来看，我国粮食库存是比较充分的，这也是实现我国粮食安全的重要保障。

考虑到缺少粮食储备的连续变动数据，本研究根据2009年的普查储备水平，按照粮食生产总量波动、人口增长率、人均粮食消费数据等数据采用倒退的方法估算我国粮食储备规模。

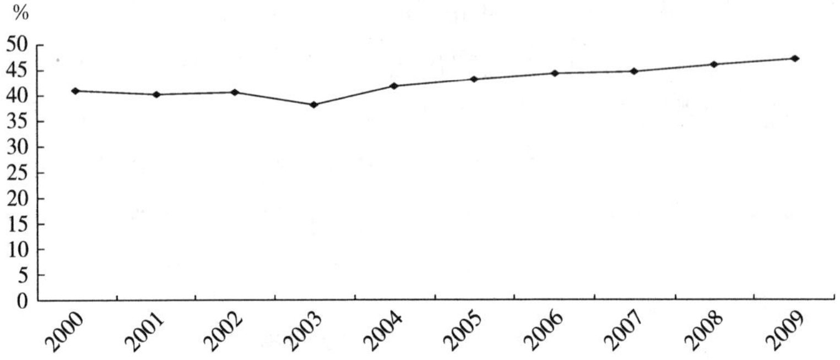

图2-2　2000—2009年我国政府粮食储备率

（三）粮食进口安全水平

从需求角度来说，考察粮食进口安全水平的重要指标是粮食自给率，粮食自给率越高粮食进口的比重越低，相对来说粮食进口的安全性越高；当然，国际粮食市场的供给能力对粮食进口也产生重要影响，当粮食进口来源国越集中，粮食进口受到国际粮食市场的影响可能越大，为此，本项目研究采用粮食进口集中度反应国际粮食市场的影响，主要采用我国从美国净进口粮食总量占粮食净进口总量的比重表示。粮食自给率表示一国食物总产量占总消费量的比重，其计算公式为：$\beta=S/D$（S为一定时期食物总供给量，以粮食生产总量表示，D为一定时期一国的食物总需求量）。由于缺少我国粮食储备变动的具体数据、粮食间接需求的数据，所以，本研究采用粮食净进口量与粮食生产总量的总和作为测算公式分母。

我国粮食总体保持比较高的自给率，对保障粮食安全起到重要稳定作用，但是粮食分品种结构存在较大差异。2009年，我国粮食自给率有所下降，为 90.35%，粮食总体处于净进口状态。就谷物自给率来看，我国稻谷、小麦、玉米三大谷物自给率一直保持较高水平，2009 年基本维持在100%，谷物基本实现了完全自给。但是，我国油料作物自给率一直处于较低水平。根据国内外油料作物出油率的差异，本研究将进口的食用植物油按照国外 19%的出油率将进口的食用植物油折合为油料原料，然后进行加总分析。2000 年以来我国油料作物自给率持续下降，从 2000 年的 73.97%持续下降到 2009 年的 34.48%，这反映我国粮食进口安全主要体现在油料进口的安全方面，这也折射出我国农业生产存在的主要问题不是总量供应不足，而是农业生产结构优化问题。

从我国粮食进口集中度来看，我国谷物的进口集中度出现了较集中现象，其中 2008 年谷物进口集中度达到 40.82%（表 2-11）。此外，我国油料作物进口比较集中，主要进口来源国是美国、阿根廷、巴西等，集中度一直处于较高水平。进口集中度较高，在一定程度上可以减少谈判费用、降低交易成本，但是在一定程度上可能导致进口依赖程度提高，使得我国粮食国际进口缺乏弹性，从而影响粮食进口安全水平。

表 2-11　粮食进口安全水平指标

年份	粮食自给率	谷物自给率	油料自给率	谷物进口集中度
2000	100.09	102.69	73.97	34.59
2001	98.18	101.36	69.39	35.81
2002	100.20	103.10	65.30	33.98
2003	99.86	105.60	50.39	37.34
2004	94.96	98.79	49.01	43.47
2005	95.59	100.91	47.58	35.20
2006	95.15	100.55	43.20	31.87
2007	95.79	101.85	36.83	37.11
2008	93.37	100.04	38.87	40.82
2009	90.35	99.58	34.48	39.57

资料来源：中华人民共和国统计局，《中国统计年鉴》，《中华人民共和国海关统计年鉴》。

（四）粮食流通安全水平

从我国国内企业尤其是国有粮食企业经营能力来看，我国粮食企业竞争力仍较低下。从国有及国有控股粮食企业与外商及港澳台投资企业的利润率比来看，国有及国有控股粮食企业的利润率远远低于外商及港澳台投资企业。2003—2009年，国有及国有控股粮食企业与外商及港澳台投资企业的利润率之比基本低于20%，其中2004年甚至为负数，甚至达到－60%左右（图2-3）。由此，可见我国粮食物流体系中存在的重要问题是经营效率低、竞争力相对低下等问题，这也是影响我国粮食长期安全的重要因素。

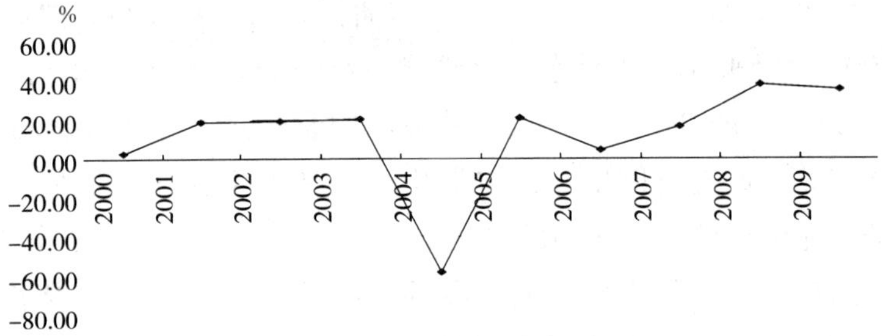

图2-3　国有及国有控股粮食企业与外商及港澳台投资企业利润率比

（五）粮食消费安全水平

粮食安全的重要内容是保障低收入人群的消费安全，这也是粮食安全政策的主要目标。为此，本研究主要从居民购买能力、消费结构以及粮食价格变化等方面分析我国粮食消费安全水平。

居民收入水平是粮食购买能力的最主要影响因素，居民收入水平的提高是确保粮食消费安全的重要保障。近年来，我国居民收入水平一直保持较快增长，2009年居民收入增长率仍保持较高水平，增长幅度略有所下降，城镇居民可支配收入增长率为9.8%，低于2006年、2007年的增长幅度；农村居民纯收入增长率为8.5%，也低于2007年增长幅度。但是，2009年粮食价格上涨幅度达到6%，仅次于2004年的水平。因此，若考虑粮食价格上涨因素，近年来尤其是2009年居民收入的实际购买能力反而出现了下降。

居民粮食消费结构对粮食消费安全也产生重要影响，本研究主要利用恩格尔系数变动来考察消费结构及购买能力。近年来，居民家庭恩格尔系数变化相对比较平缓，2009年城镇居民家庭恩格尔系数与农村居民家庭恩格尔系数均有所提高，镇居民家庭恩格尔系数为0.36，农村居民家庭恩格尔系数较高达到0.41，一方面说明居民用于购买食品的支出在增加，另一方面也反应2009年居民消费结构升级的速度有所减缓，当然这可能受到国际金融危机影响（表2-12）。若在经济形势转好的情况下，居民消费结构仍可能会进一步升级，对粮食间接需求以及油脂消费需求可能进一步增长。

受到我国粮食生产连续增产的影响，人均粮食满足率不断提高，2009年我国人均粮食满足率达到399千克，达到历史最高水平，因此，若从人均占有粮食量及粮食供给角度来说，2009年粮食消费安全处于较高水平。

表 2-12　粮食消费安全指标

年份	城镇居民可支配收入增长率	农村居民纯收入增长率	城镇居民家庭恩格尔系数	农村居民家庭恩格尔系数	人均粮食满足率	粮食价格上涨率
2000	6.41	2.09	0.39	0.49	105	−10
2001	8.50	4.20	0.38	0.48	102	8
2002	13.41	4.80	0.38	0.46	102	−4
2003	9.00	4.30	0.37	0.46	96	5
2004	7.70	6.79	0.38	0.47	103	26
2005	9.60	6.21	0.37	0.46	106	−1
2006	10.42	7.40	0.36	0.43	109	2
2007	12.20	9.50	0.36	0.43	109	6
2008	8.40	8.00	0.38	0.44	114	7
2009	9.8	8.5	0.36	0.41	114	6

资料来源：中华人民共和国统计局.2009. 中国统计年鉴（2009）[M]. 北京：中国统计出版社.

（六）粮食总体安全水平

1. 测评方法

粮食安全系统包含着各种各样的影响因素，多种因素共同作用的结果决定了该系统的发展态势。而哪些是主要因素，哪些是次要因素，则是系统分析中相关人士普遍关心的问题。传统的数理统计中的回归分析、方差分析等都经常被用来进行系统的影响分析，然而这些方法的正常运用都必须具备一定的统计条件，如要求具备相对研究对象个数而言的大量样本数据，要求数据样本服从或近似服从某个典型的概率分布，还要求有相关理论作研究支撑等。尽管已有众多的文献对粮食安全系统进行了各种角度、各种层次的数理研究，但局限数理统计分析方法的缺陷，一般仅有少数几个研究对象，且对统计数据的性质并没有得到真正严格的要求。为此，本研究将采用对数据结构要求相对较低的主成分分析法对粮食安全状况进行综合评价。

主成分分析的主要目的是希望用较少的变量去解释原来资料中的大部分变异，将许多相关性很高的变量转化成彼此相互独立或不相关的变量。通常是选出比原始变量个数少，能解释大部分资料中的变异的几个新变量，即所谓主成分，并用以解释资料的综合性指标，所以说主成分分析实际上是一种降维方法。

主成分分析法是一种数学变换的方法，它把给定的一组相关变量通过线性变换转成另一组不相关的变量，这些新的变量按照方差依次递减的顺序排列。在数学变换中保持变量总方差不变，使第一变量具有最大的方差，称为第一主成分，第二变量的方差次大，并且和第一变量不相关，称为第二主成分。以此类推，i 个变量就有 i 个主成分。

其中 L_i 为 p 维正交化向量（$L_i \times L_i = I$），Z_i 之间互不相关且按照方差由大到小排列，则称 Z_i 为 X 的第 i 个主成分。设 X 的协方差矩阵为Σ，则Σ必为半正定对称矩阵，求特征值 λ_i（按从大到小排序）及其特征向量，可以证明，λ_i 所对应的正交化特征向量，即为第 i 个主成分 Z_i 所对应的系数向量 L_i，而 Z_i 的方差贡献率定义为 $\lambda_i / \sum \lambda_i$，通常要求提取的主成分的数量 k 满足 $\sum_{i=1}^{k} \lambda_i / \sum \lambda_i > 0.8$。

主成分的分析步骤为：

①利用初始化方法对数据进行标准化处理；

②求相关系数矩阵；

③经过一系列正交变换，使非对角线上的数值为 0，加到主对角上；

④得特征根 λ_i（即相应那个主成分引起变异的方差），并按照从大到小的顺序把特征根排列；

⑤求各个特征根对应的特征向量 a_i；

⑥用下式计算每个特征根的贡献率 $v_i = \lambda_i / \sum \lambda_i$；

⑦根据提取的主成分的数量 k 满足 $\sum_{i=1}^{k} \lambda_i / \sum \lambda_i > 0.8$ 确定提取的主成分个数，并写出主成分表达式。

本书根据主成分变化情况提取 6 个主成分，分别为

$$F_1 = a_{11} x_1 + a_{12} x_2 + \cdots + a_{117} x_{17}$$

……

$$F_6 = a_{61}x_1 + a_{62}x_2 + \cdots + a_{617}x_{17}$$

其中

$$X=\begin{pmatrix} x_1 \\ x_2 \\ \vdots \\ x_{17} \end{pmatrix}，\begin{pmatrix} F_1 \\ F_2 \\ \vdots \\ F_6 \end{pmatrix}=X\cdot（a_1，a_2，\cdots，a_{17}）$$

本书要研究粮食安全与其影响因素之间的关系，由于衡量粮食安全的因素众多，所以任何一个粮食安全指标不足以表明粮食安全情况，因此，需要考虑综合指标。这里，我们利用前面主成分分析得到的结果，对 17 个粮食安全指标进行加权综合，得到一个综合指标 $\boldsymbol{R}^2=\mathbf{0.95}$，来很好地表示粮食安全。

综合指标表达式为 $H=v_1F_1+v_2F_2+\cdots+v_6F_6$，其中 v_1，v_2，…，v_6 分别为 6 个主成分 F_1，F_2，…，F_6 的贡献率。

2. 指标处理

数据标准化处理主要包括数据同趋化处理和无量纲化处理。数据同趋化处理主要解决不同性质数据问题，对不同性质指标直接加总不能正确反映不同作用力的综合结果，须先考虑改变逆指标数据性质，使所有指标对测评方案的作用力同趋化，再加总综合才能得出正确结果。对逆指标作同趋化处理一般可采用取倒数和赋负值的方法解决。数据无量纲化处理主要解决数据的可比性，最常用的方法有两种：标准化和指数化。为此，本研究按照指标与粮食安全呈正向关系的原则，对原指标体系进行同趋势化处理（表 2-13）。就指标影响方向来看，自然灾害成灾率对粮食安全产生负向影响，自然灾害成灾率越高，其对粮食生产影响可能性越大，本研究采用 100 与自然灾害成灾率相减加以处理，使其对粮食安全影响与其他指标同向，并称该指标为抗击自然灾害能力。此外，由于粮食价格对粮食生产产生正向影响，而对粮食消费产生负向影响，总体来说属于相对中性指标，为此，本研究采用居民收入增长率与粮食价格增长率之差表示居民对粮食购买力的变动，显然处理后的指标属于正向指标。数据的通常标准化处理，主要以指标的总体平均值为标准进行的数学处理。由于本研究所采用指标均为百分制，因此，所有指标是无量纲化。

表 2-13　指标体系初步处理

单位：%

变量	2000	2001	2002	2003	2004	2005	2006	2007	2008	2009
粮食产量波动率	−9.09	−2.06	0.98	−5.77	9.00	3.10	2.90	0.71	5.40	0.40
粮食播种面积变化率	−4.15	−2.20	−2.06	−4.31	2.21	2.63	0.65	0.65	1.09	2.05
农业机械总动力增长率	7.30	4.94	5.00	4.24	6.03	6.83	6.03	5.61	7.31	6.46
化肥施用量增长率	0.54	2.59	2.01	1.66	5.10	2.80	3.39	3.66	2.57	3.16
农业从业人员变化率	0.77	1.30	0.98	−0.88	−3.49	−3.68	−4.15	−3.43	−2.51	−3.09
农业科技投入率	7.80	7.70	7.20	7.10	8.20	7.20	7.90	8.70	9.50	9.50
抗击自然灾害能力（100—成灾率）	37.15	39.14	42.02	40.21	56.08	48.57	40.06	48.84	44.28	55.03
粮食生产集中率（h10）	62.17	62.17	62.18	60.99	62.25	62.56	63.40	63.98	64.25	65.12
谷物粮食自给率	102.69	101.36	103.10	105.60	98.79	100.91	100.55	101.85	100.04	99.58

（续）

变量	2000	2001	2002	2003	2004	2005	2006	2007	2008	2009
油料自给率	73.97	69.39	65.30	50.39	49.01	47.58	43.20	36.83	38.87	34.48
我国谷物进口集中度	34.59	35.81	33.98	37.34	43.47	35.20	31.87	37.11	40.82	39.57
政府粮食储备率	39.34	38.53	38.91	36.66	39.96	41.20	42.39	42.69	44.00	45.00
国有粮食经营效率	2.98	18.87	19.75	20.57	−58.55	21.03	4.61	16.26	37.99	35.68
居民家庭恩格尔系数	44	43	42	42	43	42	40	40	41	39
人均粮食满足率（按人均350千克算）	104.60	101.68	101.99	95.51	103.49	106.07	108.54	108.75	114.04	114.00
城镇居民家庭实际收入增长率	16.41	0.50	17.41	4.00	−18.30	10.60	8.42	6.20	1.40	3.80
农村居民家庭实际收入增长率	12.09	−3.80	8.80	−0.70	−19.21	7.21	5.40	3.50	1.00	2.50

表 2-14　相关系数矩阵

变量	1	2	3	4	5	6	7	8	9	10	11	12	13	14	15	16	17
1	1.00																
2	0.84	1.00															
3	0.20	0.45	1.00														
4	0.85	0.78	−0.03	1.00													
5	−0.65	−0.83	−0.35	−0.70	1.00												
6	0.35	0.51	0.50	0.34	−0.42	1.00											
7	0.65	0.80	0.20	0.76	−0.65	0.49	1.00										
8	0.37	0.65	0.52	0.35	−0.54	0.88	0.48	1.00									
9	−0.75	−0.84	−0.58	−0.71	0.57	−0.62	−0.65	−0.64	1.00								
10	−0.55	−0.72	−0.18	−0.59	0.87	−0.63	−0.63	−0.70	0.42	1.00							
11	0.48	0.40	0.16	0.51	−0.29	0.57	0.70	0.23	−0.45	−0.40	1.00						
12	0.47	0.75	0.63	0.39	−0.66	0.84	0.51	0.98	−0.70	−0.74	0.24	1.00					
13	−0.35	−0.14	0.03	−0.52	0.17	0.20	−0.31	0.37	0.30	−0.17	−0.33	0.29	1.00				
14	−0.31	−0.52	−0.03	−0.37	0.62	−0.58	−0.39	−0.79	0.28	0.84	−0.02	−0.76	−0.45	1.00			
15	0.42	0.68	0.72	0.29	−0.54	0.86	0.42	0.96	−0.71	−0.62	0.22	0.98	0.31	−0.65	1.00		
16	−0.59	−0.42	0.08	−0.75	0.37	−0.32	−0.59	−0.03	0.53	0.32	−0.81	−0.05	0.61	−0.05	−0.01	1.00	
17	−0.55	−0.31	0.24	−0.72	0.24	−0.16	−0.52	0.13	0.42	0.19	−0.75	0.12	0.66	−0.15	0.16	0.98	1.00

3. 结果分析

（1）相关系数。指标相关是提取主成分的重要条件，只有指标间存在较高的相关性才可能提取公共的主成分，从而进行深入分析。根据原始数据计算得相关系数矩阵，以判断采用主成分分析法的适用性（表 2-14）。从指标体系的相关系数来看，指标间相关性较强，部分指标间相关系数高达 0.95 以上，绝大部分指标间的相关系数达到 0.6 以上，因此，可以采用主成分分析法。

（2）主成分提取。根据相关系数矩阵计算特征值，以及各个主成分的贡献率与累计贡献率，本研究确定了六个主成分。由主成分贡献率可知，六个主成分的累计贡献率已高达 97.08%，可见本研究所采用的六个主成分能够较好反应原指标信息，具有较强的代表性（表 2-15）。

表 2-15　特征值及主成分贡献率

单位：%

主成分	特征值	贡献率	累计贡献率
1	8.73	51.34	51.34
2	4.16	24.49	75.83
3	1.52	8.93	84.76
4	1.17	6.87	91.64
5	0.54	3.17	94.81
6	0.39	2.27	97.08

（3）主成分解释。根据主成分提取思想与方法，对于特征值 λ 分别求出其特征向量 e_1，e_2，e_3，并计算各变量 x_1，x_2，…，x_6 在各主成分上的载荷得到主成分载荷矩阵，从而分析各主成分所代表的经济含义（表 2-16）。

第一主成分 z_1 与粮食产量波动率、粮食播种面积波动率、化肥使用量增长率、抗击自然灾害能力有较大的正相关，由于这些要素与粮食生产增产有较强相关性，因此第一主成分可以被认为是粮食生产能力主成分。

第二主成分 z_2 与政府粮食储备率、人均粮食满足率、粮食生产集中率、农业科技投入率、油料自给率等因素有较大的正相关，而这四个要素是与政府对粮食安全调控能力有较强的相关性，因此第二主成分可以被认为是政府调控能力主成分。

第三主成分 z_3 与我国谷物进口集中度有较大的负相关，与城镇居民家庭实际收入增长率、农村居民家庭实际收入增长率有较大正相关，而这三个要素与国际粮食供给稳定性、居民购买力有较大关系，因此，第三主成分可以被认为是粮食进口受控风险主成分。

第四主成分 z_4 与农业机械总动力增长率、人均粮食满足率、政府粮食储备率等有较大的正相关，而最主要要素是粮食生产机械化程度反应，因此，第四主成分可以被认为是代表粮食生产现代化的主成分。

第五主成分 z_5 与国有粮食经营效率有较大的正相关，而该要素是粮食流通及加工竞争力表征，因此，第五主成分可以被认为是粮食物流加工效率主成分。

第六主成分 z_6 与居民家庭恩格尔系数有较大的正相关，而这三个要素反映了居民从业结构及消费结构变动，因此，第六主成分可以被认为是消费结构主成分。

表 2-16　旋转后的主成分载荷矩阵

指　标	主成分					
	1	2	3	4	5	6
粮食产量波动率	0.789 2	0.071 8	0.368 0	0.213 6	−0.04	−0.08
粮食播种面积变化率	0.803 9	0.291 2	0.195 5	0.420 8	−0.08	0.14
农业机械总动力增长率	0.095 3	−0.016 8	−0.102 0	0.942 6	−0.08	0.15
化肥施用量增长率	0.817 9	0.116 6	0.514 0	0.007 7	−0.36	−0.27
农业从业人员变化率	−0.808 4	−0.385 3	−0.094 3	−0.186 1	0.24	−0.22
农业科技投入率	0.023 8	0.644 9	0.424 1	0.608 1	−0.17	0.05
抗击自然灾害能力	0.585 7	0.270 3	0.541 9	0.205 0	−0.09	0.20
粮食生产集中率	0.235 3	0.738 0	0.039 9	0.598 1	0.12	−0.01

（续）

指　标	主成分					
	1	2	3	4	5	6
谷物粮食自给率	−0.571 4	−0.063 7	−0.360 2	−0.671 3	0.32	−0.09
油料自给率	−0.545 2	−0.756 6	−0.198 5	−0.084 0	−0.13	−0.04
谷物进口集中度	0.090 3	0.136 7	0.921 2	0.197 7	0.06	0.19
政府粮食储备率	0.361 6	0.660 3	0.000 5	0.654 6	0.19	0.11
国有粮食经营效率	−0.425 3	0.662 1	−0.454 8	0.041 3	0.80	−0.08
居民家庭恩格尔系数	−0.370 3	−0.903 7	0.114 1	−0.030 6	−0.10	0.29
人均粮食满足率	0.247 8	0.577 8	−0.013 1	0.770 3	0.10	0.20
城镇居民家庭实际收入增长率	−0.365 0	0.091 5	−0.899 8	0.032 3	0.29	0.12
农村居民家庭实际收入增长率	−0.332 3	0.192 8	−0.890 9	0.174 4	0.29	0.22

（4）综合分析。根据主成分载荷矩阵与原始指标数据，分别测算各主成分的分值，按照各主成分的贡献率测算粮食安全综合指数，进而对我国粮食安全进行综合分析与评判（表 2-17）。

表 2-17　粮食安全综合评价结果

年份	主成分分值						综合评价
	1	2	3	4	5	6	
2000	−0.29	0.53	−1.51	−0.96	1.85	−0.68	−0.18
2001	0.05	−0.23	0.20	−1.87	−1.17	−0.36	−0.18
2002	−0.59	1.02	0.66	−1.02	−0.85	0.89	−0.07
2003	−1.26	−0.48	−1.81	0.93	−1.06	0.50	−0.89
2004	−0.87	−2.21	1.13	0.08	0.54	−0.67	−0.88
2005	−1.01	0.96	1.16	0.75	1.10	1.13	−0.07
2006	0.31	1.14	0.53	0.86	−0.41	−2.12	0.48
2007	0.58	0.04	−0.19	1.04	−0.54	−0.15	0.34
2008	1.46	−0.46	−0.15	−0.29	0.64	0.54	0.63
2009	1.63	−0.30	−0.02	0.48	−0.09	0.92	0.81

①粮食安全水平不断提高，结构矛盾日益凸现。伴随我国粮食生产的连续增产，近年来尤其是2009年，我国粮食安全总体水平不断提高。2004年以来，我国粮食安全总体水平均保持在较高水平，2009年进一步增长至0.81，粮食安全水平进一步提高。在粮食安全水平不断提高的同时，粮食生产、消费、物流等结构矛盾日益凸显，突出体现在粮食生产结构矛盾与居民购买力相对下降的问题等。

②粮食生产能力不断提高，增长潜力受到制约。粮食生产能力主成分也保持较强的增长幅度，从2007年的0.58增长到2009年的1.63，粮食生产能力的不断提高为保障粮食安全提供了重要的物质基础。当然，从对应各指标来看，粮食生产能力增长的可持续性的约束性日益增强。

③政府调控地位不断提高，但有效调控能力有所下降。近年来，政府调控能力主成分有较大幅度提高，但政府有效调控能力有所下降，政府调控能力主成分保持2004年以来的连续增长势头，但从2007年的0.04下降到2009年的−0.30，这反应我国政府应对粮食波动的应急处理能力亟待加强。

④粮食进口存在一定风险，居民实际购买力降低。粮食进口受控风险主成分变动幅度较大，2007—2009年均为负值，但2008年、2009年该主成分呈现逐渐增强趋势，这反应随着我国粮食国际进口的集中度的提高以及居民对粮食实际购买力的相对下降，但我国粮食国际进口受控的风险可能在逐渐降低。

⑤粮食生产现代化进程加快，技术需求发生较大转变。随着农业机械化进程的加快，我国粮食生产现代化程度不断提高。2009年，粮食生产现代化主成分显著提高，从2008年的−0.29快速增长到2009年的0.48，这一方面反映出我国粮食生产机械化、现代化进程的加快，另一方面也说明我国粮食生产对节约劳动型技术的需求出现加快趋势。

⑥物流加工效率不断提高，但竞争力仍较低。随着我国粮食现代物流的快速发展，粮食物流及加工企业竞争能力的不断提高，粮食物流加工效率主成分有较大幅度提高，从2007年的−0.54增长到2008年的0.64，但2009年又有所下降。当然，在看到粮食物流及加工企业竞争能力提高的同时，我国粮食物流及加工企业竞争能力仍相对低下的问题也仍引起足够关注。

⑦粮食消费结构不断升级，粮食需求结构矛盾凸显。2009年消费结构

主成分的分值增长较快，从 2008 年的 0.54 增长到 2009 年的 0.92，这一方面反映我国消费结构发生了较大变化，另一方面反应农业生产中存在的深层次矛盾，即日益突出的谷物增长与油料作物增长相对缓慢的结构矛盾。随着居民消费水平提高、城市化进程加快，粮食生产与消费的结构矛盾将逐渐成为我国粮食安全的重要问题。

第三部分　中国粮食安全的瓶颈因素

当前我国粮食安全面临诸多风险，保障我国粮食安全的压力巨大。我国自然资源丰富，但人口压力大。粮食安全生产面临着耕地、水资源和气候条件等自然资源的强约束。而作为粮食生产加工中的重要环节——粮食机械装备制造业，为粮食安全加工生产提供着重要的技术支持，是我国在日益激烈的市场竞争中的核心力量。同时随着人们对粮食产品日益多样化、绿色化等的要求，与信息技术紧密联系的粮食相关服务业的重要地位也日渐凸显。这些来自资源、技术和产业发展的影响既是粮食安全的瓶颈因素，也是粮食安全的重要保障。

一、资源瓶颈

在耕地、水资源和气候条件的多重约束下，保障粮食生产稳定发展难度加大。随着人口的增多、城市化和工业化进程的不断推进，耕地面积与质量逐渐下降影响粮食安全生产；水资源日益稀缺与粮食生产的矛盾日益突出；同时由于气候变暖所导致的气象条件的极端变化都对我国粮食稳定生产产生巨大影响。

（一）耕地资源不断减少

1. 工业化、城市化进程正加速侵占农用耕地

从总量上看，中国的耕地面积仅次于美国和印度，位居世界第三位。但相对于人口总量而言，中国人均耕地少已成为严重制约我国农业生产的主要因素。2010 年全国第六次人口普查显示，中国有 13.39 亿人口，约占世界人口总量的 22%，但只有耕地 18.26 亿亩，约占世界耕地面积的 8%。中国人均耕地面积 1.4 亩，仅为世界人均耕地面积的 40%，约为美国的人均耕地面积的 1/6，法国的 1/3，阿根廷的 1/7，加拿大的 1/18 和澳大利亚的

1/27。

随着中国从传统农业社会向现代工业化社会的转变，发端于20世纪70年代末的经济改革开放推动了我国工业化与城市化的进程，并成为加快经济增长和促进社会进步的重要引擎。从理论上说，工业化、城市化对粮食综合生产能力的影响包括正负两个方面：①工业化、城市化的发展能为粮食生产的发展提供更多的支持，如资金、新技术、新机械设备方面的支持；②工业化、城市化进程使得大量农村人口流向第二、三产业，使得农村土地规模经营成为可能，这也有利于粮食的生产。其负面影响主要有：①工业化进程使得耕地面积大量减少，从而影响粮食生产能力；②工业化、城市化进程中农村劳动力大量转移可能影响粮食生产劳动投入的数量和质量。①

从国际经验来看，人均土地资源不足的国家和地区（如日本、韩国以及我国台湾）的工业化、城市化进程对耕地绝对值变化的影响非常显著：日本耕地面积在1995年达到顶峰之后，经过40年的时间，到1994年减少了52%；韩国耕地面积在1965年达到最高以后，到1994年减少了46%；我国台湾耕地面积从1962年到1994年减少了42%。② 我国现有人均耕地面积为1.375亩，加速的工业化、城市化进程在资金、技术方面的优势以及由于劳动力转移所可能带来的土地规模经营的好处，随着进程不断加深才能逐渐显现，但对我国耕地的影响尤其值得关注。图3-1为我国1978—2008年以来的耕地变化情况。从图3-1中可以看出，我国耕地面积变化曲线也呈现出倒“U”形形状：1996年，我国耕地面积达到最高值13 003.92万公顷（19.51亿亩），1997—1999年耕地面积基本稳定，从2000年起耕地面积逐年下降，到2009年减少到12 171.59万公顷（18.26亿亩），中国正处于耕地面积减少的过程中。

从已有资料来看，在改革开放以来的30年间，耕地总量中只有1979年、1990年、1995年和1996年新增耕地面积超过了减少的耕地面积。但净

① 肖海峰，王娇，等．2007．我国粮食综合生产能力及保护机制研究[M]．北京：中国农业出版社：108.

② 马新文，栗波．1998．我国工业化进程中耕地资源的保护［J］．陕西师范大学学报（哲学社会科学版）(12)：317-320.

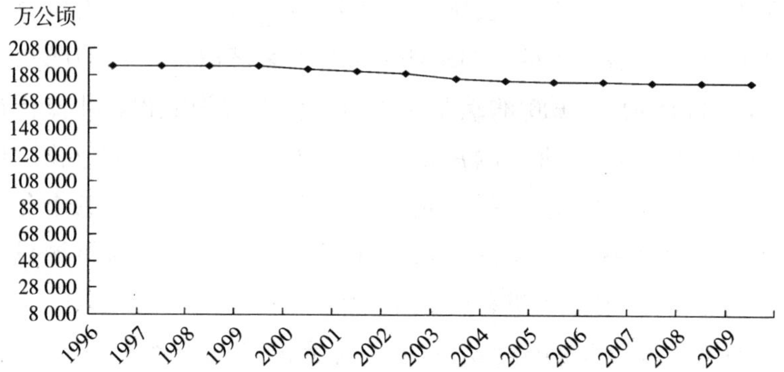

图 3-1　1996—2009 年我国耕地面积变化情况

增面积有限，不超过 10 万公顷，净减少最快的是 1984—1988 年，年均减少 55 万公顷，其中 1985 年是减少最多的一年，达 100 万公顷。1993—1995 年的 3 年也很突出，每年净减少近 40 万公顷。1996—2007 年 12 年间耕地面积减少了 830 万公顷（即 1.24 亿亩），1996—2007 年我国年均减少耕地面积为 692 千公顷。究其原因，非农建设用地、生态退耕、农业结构调整和灾毁耕地导致耕地面积逐年减少。表 3-1 列出了我国 1997—2008 年耕地面积减少的情况。其中，生态退耕是最主要的影响因素，平均贡献率为 47.8%，非农建设占用耕地其次，其贡献率为 30.6%，农业结构调整位居第三，贡献率为 12.2%，灾毁耕地最小，贡献率为 6.2%。但从这十几年的变化趋势来看，生态退耕数量在 2002 年和 2003 年达到最大值，分别为 142.6 万公顷和 223.7 万公顷，其后的几年绝对数逐年下降，且贡献率也从 2003 年的 78.6%下降到 2008 年的 3.1%。而非农建设占用耕地面积近年来比较稳定，约以 18.7 万公顷的速度增加，其贡献率逐年上升，由 2003 年的 8.5%上升至 2008 年的 77%。因此，非农建设用地在未来对耕地占用方面依然是目前以及未来最重要因素。农业结构调整面积增加绝对值逐渐减少，且比率逐渐降低。灾毁耕地由于受到气候因素的影响，呈现阶段性变化，虽然其贡献率较小，但年均 4.54 万公顷耕地绝对数也是不可忽视的。虽然，并非所有的建设占地都是工业化、城市化的结果，但从目前获得的数据来看，这一数据可以近似地反映出工业化、城市化对耕地的影响。通过对 2000—2007 年《中国国土资源公报》公布的相关数据分析，2002 年和 2003 年城镇建设占用耕地面积之和不超过 36 万公顷，估计这两年城镇建设占用耕地对耕地减少的贡献率为 7%。2002 年和 2003 年是生态退耕数量最大的两年，城镇建设占用耕地对耕地面积减少的贡献率因基数的增大而显得偏小。值得注意的是，我国近年来建设占用耕地在很大程度上已经表现为城市用地的蔓延，2001—2007 年我国城镇建设用地面积增加了 0.84 万公顷，城市的增长势必会占用大量农地，尤其是耕地。特别是近年来我国各类开发区建设风行，根据国土资源部统计公报截至 2007 年 7 月，全国共清理出各类开发区6 866个，规划用地面积4 850万公顷，超过了目前我国城镇建设用地总和，而其中大部分是城市周围的良田。

表 3-1　近年来我国耕地减少情况

单位：万公顷，%

年度	当年实际占用耕地	其中							
		非农建设		生态退耕		农业结构调整		灾毁耕地	
		绝对数	贡献率	绝对数	贡献率	绝对数	贡献率	绝对数	贡献率
1997	46.2	19.2	41.6	16.4	35.4	5.9	12.8	4.7	10.2
1998	57.5	17.6	22.8	16.5	28.6	7.0	12.2	16.5	28.6
1999	84.2	20.5	24.4	39.5	46.9	10.7	12.7	13.5	16.0
2000	156.6	16.3	10.4	76.3	48.7	57.8	36.9	6.2	4.0
2001	83.0	16.4	19.7	59.1	71.2	4.5	5.4	3.1	3.7
2002	202.9	19.7	8.7	142.6	70.3	34.9	17.2	5.8	2.8
2003	284.8	22.9	8.5	223.7	78.6	33.1	11.6	5.0	1.8
2004	114.6	14.5	12.7	73.3	64.0	20.5	17.9	6.3	5.5
2005	59.5	13.9	23.3	39.0	65.6	1.2	2.1	5.4	9.0
2006	67.4	25.9	38.4	33.9	50.3	4.0	5.9	3.6	5.3
2007	23.7	18.8	79.6	2.5	10.7	0.5	2.1	1.8	7.6
2008	24.9	19.2	77.0	0.8	3.1	2.5	10.0	2.5	10.0
均值	100.4	18.7	30.6	60.3	47.8	15.2	12.2	6.2	8.7

资料来源：1997—2002 年数据来自《中国环境状况公报》，2003—2008 年数据来自《中国土地资源公报》（2003—2008 年）。

注：贡献率＝各项目绝对数/当年实际占用耕地×100%

我国粮食耕种区域发生变化影响粮食产量。如果仅从全国尺度考察耕地总量变化，会忽视一些重要的现象。我国经济发展不平衡，东南沿海一带自然条件好，适合生长农业作物，但随着经济不断发展，东南沿海一带工业化、城市化速度较快，粮食主产区不断向东北、中部地区以及西部地区转移，使得耕地面积不仅从数量上也从质量上不断下降。从耕地面积变化的空间分布上看，净减少最快的首先是广东、福建、上海、江苏、浙江、山东、北京、天津及辽宁等沿海省份；其次是陕西、湖北、四川、湖南、山西等中部省份。尽管从全国的趋势看个别年份耕地面积是净增加的，但这些自然条件较好的省份自1978年以来一直维持着净减少的趋势。那些自然条件较差的边远省份，如内蒙古、黑龙江、新疆、云南、广西、贵州、甘肃、宁夏等省（自治区），1988年以后耕地却基本上是净增加的。个别省份，如内蒙古和黑龙江等，增加的幅度还比较大。耕地面积变化的这种区域差异，说明在我国耕地总量的动态平衡中，生产力较低的耕地面积的增加，在数量上部分地抵消了优质良田的减少，因而掩盖了问题的实质。

2. 耕地质量日益下降

在我国耕地数量不断下降的同时，耕地质量明显下降而导致粮食产量下降也是不容忽视的重要方面。耕地过度开发以及不合理利用土地，特别是在生产、种植粮食的过程中缺乏科学耕种与保护的方法和手段，致使我国的耕地质量也越发的恶劣。

第一，耕地过度开发利用，引起土地基础地力下降。资料显示，我国部分地区的粮食现实产量已超过其耕地资源生态产量警戒线，中国科学院研究人员通过卫星遥感，对西部12省（自治区）的土地承载力进行评估的结果表明，西部有20%的土地承载力处于超负荷状态，其中内蒙古科尔沁沙地、陕西北部、甘肃的河西走廊、云南、四川、贵州等，处于土地承载力①超负荷状态。土地承载力处于满负荷状态的地区为西藏的南部和西部、新疆伊犁谷地以及南部绿洲、青海东部等。这种严重超载已造成很多地区环境的恶化，如科尔沁地区的土地沙质荒漠化问题、陕北高原的水土流失问题、云贵

① 土地承载力是指每平方公里的土地上生长的绿色植物所能养活的人口临界值，将现实人口与这个临界值相比较反映土地资源承载力状况，一般分为超负荷、满负荷、容量小、容量大4个等级。

高原喀斯特地区的石漠化问题。① 近年来，我国针对这些地区的退耕还林、退耕还草，在很大程度缓解了土地进一步恶化的矛盾。此外，受干旱、洪涝、盐碱、陡坡、瘠薄等多种因素的影响，我国耕地质量严重下降，据有关部门对10个省的调查分析，目前土壤中有机质含量比20世纪90年代初下降了0.35个百分点，目前我国中低产田已占整个耕地面积的2/3，有机质含量已降低到1.2%，远低于欧美国家2.5%～4%的水平；世界仅有的三大黑土带之一的东北黑土地，土壤中的有机质含量已从开垦时的8%～10%下降到目前的1%～5%。

其次，耕地污染严重也是影响粮食安全的重要因素。随着城市规模的扩大，生活垃圾增加，工业发展和乡镇企业的突起，大量的工业废气、废水、废渣直接排放以及农业生产废弃物处置不当等，造成大量的耕地被污染。但更重要的是，由于我国农民长期大量、不合理地使用化肥农药、除草剂等化学投入物，使我国的粮食种植耕地大面积遭受到了程度不同的侵蚀和污染。一方面，由于有机肥投入不足，化肥使用不平衡，导致土壤养分状况失衡，根据《2008年中国环境状况公报》显示，我国耕地缺磷面积达51%，缺钾面积达60%，肥料施用总量中，有机肥仅占25%。另一方面，过度使用化学肥料，导致耕地退化，耕层变浅，耕性变差，保水、保肥能力下降。据统计，我国化肥使用量在整个农业肥中所占的比重日益上升，目前我国化肥施用量平均每公顷高达400千克，远远超出发达国家225千克/公顷的安全上限（图3-2）；我国农药的施用量每年大约有120万吨以上，而其中的绝大部分农药又是没有达到国际环境要求的超标劣质农药。

第三，耕地占优补劣现象是导致耕地质量下降的重要原因。我国为保障粮食安全，在实施耕地保护制度时候存在一定的缺陷。目前，我国实行的是耕地占补平衡的政策，即占用多少耕地补充多少耕地，但是各项建设占用的耕地，大多是城郊的良田和菜地，熟化程度高，产出率高；但新开发补充的耕地尽管在数量上可以达到占补平衡，但在质量和产出率上一般相差悬殊。

① 游建章.2004.自给自足、自力更生与合作安全——中国粮食问题分析框架［D］.杭州：浙江大学：75.

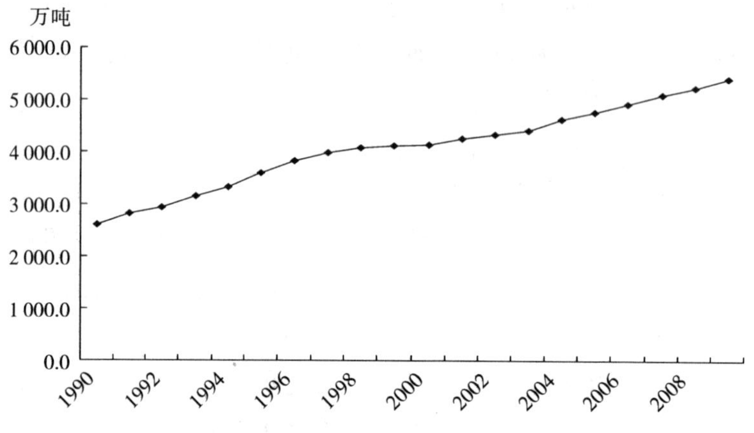

图 3-2　1990—2009 年中国化肥使用量

根据《2008 年中国环境状况公报》，非农建设占用的耕地与新开垦的耕地质量相差 2～3 个等级以上。据统计，在新开垦耕地的最初几年内，新开发的产量只有熟地的 1/5～1/3。若占补平衡时考虑质量因素，将质量降低换算成数量减少，则耕地面积减少量将会更大。① 尽管我国实行的耕地总量动态平衡政策，遏制了耕地数量剧减的趋势，但对耕地的质量下降却没有明确的政策法规约束，在置换后，对改土培肥的投资少，导致耕地质量进一步下降。

（二）水资源日益稀缺

1. 水资源数量分布不均衡

中国是一个严重缺水的国家。尽管探明淡水资源总量为28 000亿立方米，约占全球水资源的 6%，仅次于巴西、俄罗斯和加拿大，居世界第四位，但人均淡水资源只有2 000米^{3}②，仅为世界平均水平的 1/4，美国的 1/5，在世界上名列 121 位，是世界上最贫水的 13 个国家之一。据有关预测，我国人口峰值到来时，人均水资源量将降到1 760米^3，因此，我国未来水资源的形式非常严峻。粮食生产是一项高耗水产业。据统计，我国目前 70%的

① 朱红波．2006．粮食安全的耕地资源保障措施研究［J］．水土保持研究（10）：160-165.

② 联合国划定，人均占有水资源量2 000米^3 为严重缺水边缘，人均1 000米^3 时为人类生存的起码标准。

粮食来自需要灌溉的耕地，正常年份我国缺水近 400 亿米^3，农业生产缺水 200 多亿米^3。在我国 18 亿亩耕地中，尚有 8 亿亩没有灌溉设施的干旱地，另有 14 亿亩的缺水草场。全国每年有 3 亿亩农田受旱，西北农牧区尚有 4 000万人口和3 000万头牲畜饮水困难。若解决供水问题每年可增产粮食 10 000万吨。随着我国人口数量和工业用水的快速增长，水资源对我国粮食生产的约束和瓶颈作用还将显得越发明显和突出。

我国水资源总量严重不足的同时，水资源分布不均衡也是影响粮食生产的重要因素。水资源分布不均衡主要表现为时间序列上的不稳定性和区域分布上的不平衡性。

水量年内及年际变化大，水旱灾害频繁。水资源主要来源于大气降水，以地表水、地下水和土壤水的形式储存，并可以通过水循环逐年得到更新。受季风气候影响，我国水资源分布在时间序列上表现出不稳定性。这种不稳定性不仅表现为年内分配的悬殊，也表现为年际的较大差别。表 3-2 列出了 2000—2009 年的我国水资源变化情况，通过对比可以发现，我国地表水资源、地下水资源以及人均水资源均有较大幅度的变化。以水资源总量为例，2000—2009 年，水资源总量变化呈现出“一年丰水年两年枯水年相间”的情况，且变动较为显著，平均振幅为 6.39%，最高达到 16.26%，最小为 0.30%。从资源的年内分布来看，由于降水季节比较集中，大部分地区每年汛期连续 4 个月的降水量占全年降水总量的 60%～80%。这种比较集中的季节性降水，很容易形成春旱夏涝，而且水资源总量中，大约有 2/3 左右是洪水径流量，导致江河在汛期时洪水泛滥而枯水期水位低下，甚至断流。而降水量的年际剧烈变化，更造成江河的特大洪水和严重枯水，甚至可能发生连续大水年和连续枯水年。据估计，中国每年因水旱灾损失粮食 500 亿至 700 亿斤，占各种自然灾害损失总量的 60%。

水资源的空间分布很不均衡，水土资源组合不尽合理。我国水资源的空间分布很不均匀，呈现出南多北少，东多西少的态势，这与耕地和人口的空间分布也不相适应。我国南方地区人口总数占全国的 54.7%，耕地面积仅为全国的 36%，水资源总量却占全国的 80%；而北方地区耕地面积占全国的 64%，但水资源却不足全国的 20%，北方平均每亩耕地用水量仅为南方的 1/3，北方地区水资源短缺矛盾严重影响到了当地粮食生产

表 3-2　2000—2009 年中国年际水资源状况

单位：亿米³

年份	水资源总量	地表水资源	地下水资源量	人均水资源（米³/人）
2000	27 700.8	26 561.9	8 501.9	2 193.9
2001	26 867.8	25 933.4	8 390.1	2 112.5
2002	28 261.3	27 243.3	8 697.2	2 207.2
2003	27 460.2	26 250.7	8 299.3	2 131.3
2004	24 129.6	23 126.4	7 436.3	1 856.3
2005	28 053.1	26 982.4	8 091.1	2 151.8
2006	25 330.1	24 358.1	7 642.9	1 932.1
2007	25 255.2	24 242.5	7 617.2	1 916.3
2008	27 434.3	26 377.0	8 122.0	2 071.1
2009	24 180.2	23 125.2	7 267.0	1 816.2

资料来源：《中国水资源公报》（1999—2007 年）。

能力。同时，我国降水量南北分布严重不均，如黄河、淮河、海河三大流域耕地面积占全国的 39%，而水资源量仅占 7.7%，是我国水资源最紧张的地区；松辽流域耕地占全国的 20%，水资源却只占 3%。这种状况导致我国三北地区（华北、西北、东北）水资源极度短缺，时常发生的干旱给粮食生产造成极大的影响。

2. 水资源质量不断恶化

水资源是量与质的高度统一，21 世纪我国面临着水资源总量不足危机的同时，水资源质量日益下降更加令人担忧。

我国的水环境质量现状不容乐观。根据 2009 年中华人民共和国环境保护部公布的《2007 年中国环境状况公报》提供的数据，197 条河流 407 个断面中，Ⅰ～Ⅲ类、Ⅳ～Ⅴ类和劣Ⅴ类水质的断面比例分别为 49.9%、26.5% 和 23.6%。其中，珠江、长江总体水质良好，松花江为轻度污染，黄河、淮河为中度污染，辽河、海河为重度污染。从图 3-3 可以看出，我国海河流域污染最为严重，劣Ⅴ类水质高达 60%以上，Ⅰ～Ⅲ类水质仅为 20%左右，湖泊富营养化问题尤为突出。

废水成为水资源重度污染的重要原因。表 3-3 表明了我国近年废水和主要污染物排放量情况。1999—2008 年间，全国废水排放总量以年均 4.54%的速率增长，从 1999 年的 401.1 亿吨增长至 2008 年的 571.7 亿

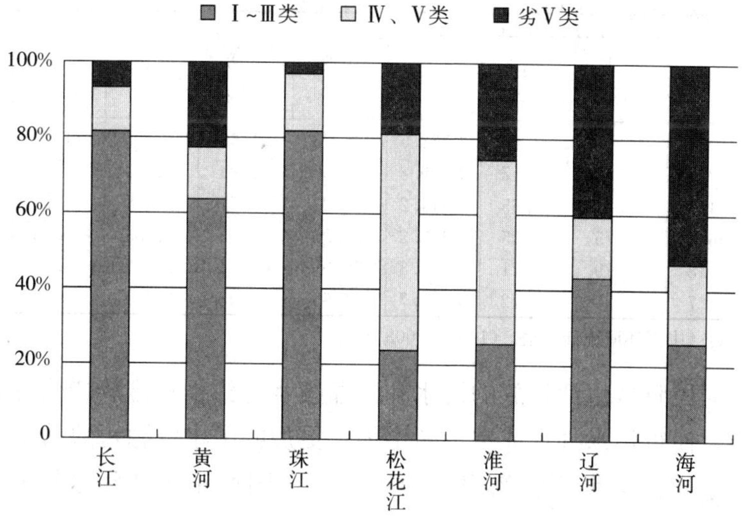

图 3-3　中国七大水系水质类别比例

吨，其中工业废水比重从 1999 年的 49.19%下降至 2008 年的 42.28%，而生活废水比重则相应上升了 6.9%个百分点。化学需氧量排放量变化较小，基本以年均 0.5%的速度下降，其绝对值在1 320万～1 445万吨之间波动，就内部比例而言，由于工业排污所导致的化学需氧量排放下降幅度较大，由最初的 49.80%下降至 34.65%，而生活排污则相应上升。氨氮排放量变化幅度不大，工业氨氮排放占氨氮排放总量比例逐年下降，由 1999 年的 32.69%下降至 2008 年的 23.39%，生活氨氮排放比例则逐年上升。

表 3-3　全国近年废水和主要污染物排放量

年份	废水排放量（亿吨）			化学需氧量排放量(万吨)			氨氮排放量（万吨）		
	合计	工业（%）	生活（%）	合计	工业（%）	生活（%）	合计	工业（%）	生活（%）
1999	401.1	49.19	50.81	1 388.9	49.80	50.20	—	—	—
2000	415.2	46.77	53.20	1 445.0	48.75	51.25	—	—	—
2001	428.4	46.85	53.15	1 406.5	43.19	56.81	—	—	—
2002	439.5	47.14	52.86	1 366.9	42.72	57.28	128.8	32.69	67.31

（续）

年份	废水排放量（亿吨）			化学需氧量排放量（万吨）			氨氮排放量（万吨）		
	合计	工业（%）	生活（%）	合计	工业（%）	生活（%）	合计	工业（%）	生活（%）
2003	460.0	46.17	53.63	1 333.6	38.38	61.62	129.7	31.15	68.85
2004	482.4	45.83	54.17	1 339.2	38.06	61.94	133.0	31.73	68.27
2005	524.5	46.35	53.65	1 414.2	39.23	60.77	149.8	35.05	64.95
2006	536.8	44.75	55.25	1 428.2	37.97	62.03	141.3	30.08	69.92
2007	556.8	44.29	55.71	1 381.8	36.99	63.01	132.4	25.76	74.24
2008	571.7	42.28	57.72	1 320.7	34.65	65.35	127.0	23.39	76.61

资料来源：《中国环境统计公报》（1999—2008 年）。

城市居民日常生活排放的污水和工业废水与污染物排放严重污染了城市水源水质，使得污水处理成本不断增加，更加剧了水资源短缺的矛盾。但来自农村的水质污染也不容忽视。2008 年，全国城镇生活污水排放量 571.7 亿吨，化学需氧量排放量1 320.7万吨，氨氮排放总量 127 万吨。由此，保守地估算，目前我国 7 亿农民每年排放的生活污水总量可达 260 亿吨，生活污水中化学需氧量污染物的排放总量可达到1 050万吨，氨氮污染物可达到 80 万吨。随着我国农业产业结构的调整，畜禽养殖业逐渐壮大，我国已成为世界第一的畜禽养殖业大国，畜牧业收入占据了农业总收入的 31.3%。近 20 年来，在畜禽养殖业迅猛发展，生产量分别增长 5～10 倍的同时，由此产生的环境污染也十分惊人。1999 年，我国畜禽排泄的废弃物总量就已高达 19 亿吨，仅化学需氧量一项污染物就高达7 118万吨，是当年全国废弃物排放总量的 2.4 倍。十多年后的今天，我国畜禽养殖排泄的废弃物总量已超过 25 亿吨，化学需氧量污染物年排放总量接近 1 亿吨，这已经远远超过了我国工业和生活污染排放量的总和。

由于我国广大农村的生活污水至今还没有采取污染治理措施，村镇居民排放的生活污水基本以漫流、渗透的方式排向农田和水体，形成广泛的面源污染；畜禽养殖业分散于我国广大农村和城镇周围，大多数污染环境的畜禽养殖场至今还没有进行有效的处理，直接排向水体，因此畜禽养殖业的水环境污染更是十分惊人：我国绝大多数的江、河、湖、海正在遭受严重的环境污染，40%的江河水系断面水质不能达到功能区划标准，绝大多数的湖泊水库处于不同程度的富营养化状态，超过 3 亿人口的饮用水质量不符合要求，河口与近岸海域有机污染严重，赤潮频繁发生，且危害面积逐年扩大。农村生活污染和畜禽养殖业的发展现状早已超出我国生态环境的有限承载力，①成为水环境恶化的重要因素。

（三）气候条件不断恶化

粮食安全生产除了受耕地、水资源等因素影响之外，另一个重要条件就是气候要素。由于气候因素覆盖农业的各个领域和各个环节，农业生产与气候变化极为密切，由光、热、水和风能等能量和物质要素组成的气候资源为粮食生产提供自然生长的条件，同时旱、涝、风、寒等气象灾害又是威胁粮食安全生产的自然灾害，并限制了农业技术实施的有效性。我国是世界上自然灾害最严重的国家之一，自然灾害的种类多、频率高、分布广、强度大。随着全球气候变暖趋势的不断加深，自然灾害日益频繁，灾害程度日益加深，同时，我国地理条件复杂，粮食生产抵御自然灾害的能力比较弱，尚未彻底摆脱"靠天吃饭"的烙印，粮食稳定生产受到严重威胁。

我国气候灾害频繁，受灾面积巨大。气象灾害中的台风、龙卷风、旱涝、寒潮、暴雨、霜冻、冰雹、暴风雪，地质灾害中的崩塌、泥石流、地面下陷，海洋灾害中的风暴潮、海啸、海水入侵、海水倒灌等都曾对我国农业生产产生过许多的破坏，影响了我国的粮食生产能力。据统计，从1949—2009年末，我国平均每年农田受灾面积超过2 000万公顷，其中成灾面积为867万公顷。受灾面积由20世纪50年代的平均每年2 500万公顷上升为2000年之后（2000—2009年）的4 682万公顷，成灾面积占受灾面积的比例也由50年代的42%上升到56%，因自然灾害全国年均损失粮食达2 000多万吨。近年来，在成灾面积中，旱灾占46.7%，洪涝灾害占34.3%；表3-4列出了1952年以来我国不同时期的主要自然灾害旱灾和水灾的发生和变化情况。从以下数据可以看出我国因气候等自然原因所引起的受灾、成灾的面积有一定程度的上升趋势，就成灾率来说，旱灾的成灾率不断上升，由20世纪50年代的31.5%上升至目前的59.5%，而水灾成灾率一直保持较高的比率，平均达到55%以上的比率。

① 中国环境保护产业协会水污染治理专业委员会.2009.我国水污染治理行业2008年发展报告[J].中国建设信息（水工业市场）(7)：36-38.

表 3-4 我国平均每年旱灾、水灾情况

单位：千公顷

时 期	旱灾			水灾		
	受灾面积	成灾面积	成灾率(%)	受灾面积	成灾面积	成灾率（%）
1952—1959	13 224	4 116	31.5	7 897	4 963	62.8
1960—1966	21 647	10 026	46.3	9 420	5 854	62.1
1970—1979	26 121	7 500	28.7	5 357	2 243	41.9
1980—1989	24 562	11 761	47.9	10 425	5 528	53.0
1990—1999	25 361	11 970	47.2	15 314	8 721	56.9
2000—2009	250 790	144 663	58.4	95 662	53 897	56.6

注：①资料来源于《中国统计年鉴》；②《中国统计年鉴》中缺 1967—1969 年数据；③成灾率是指成灾面积占受灾面积的比重。

气候变化给粮食生产带来不确定性。①首先表现为全球变暖可使世界主要粮食带向高纬度地区扩展。据研究，年平均温度每增加 1℃，北半球中纬度的作物带将北移 150～200 千米，垂直上移 100～200 米。据有关学者研究，由于气温变暖，我国粮食生产带将向北部推移，但因许多地区水热变化并非同步，效果在很大程度上取决于水分状况，[①] 很有可能出现由于北方降水不足导致粮食减产的现象。②气候变化引起水资源分布发生变化。一方面，气候变化将导致降水更趋极端化：高纬度地区气候变得干热，沙漠化扩大，暴雨洪水经常发生，这些气候异常变化加剧了我国水资源的不均匀性；气温升高还会增大地表水的蒸发量，土壤有效水分将会减少，导致危害作物生长的水分胁迫加重，农业水资源短缺加剧。另一方面，气候变暖引起海平面上升，对沿海地区的土地利用造成了严重的威胁。海平面上升推动盐土向内陆地区扩展，土地因海水侵蚀造成严重的盐渍化和沼泽化，大片沿海及内陆临近区域土壤发生严重退化，引起耕地质量下降。③气候变暖使得农业病虫害增加。气候变化使得我国农作物的病虫害失去了寒冷气候这一天然屏障的阻击，使我国粮食生产的病虫害、鼠害等生物属性上的危害加重，它们爆

① 崔读昌.1992. 气候变暖对我国农业生产的影响与对策［J］. 中国农业气象，13（2）：16-19.

发的频率、范围、所产生的破坏力等有所不同程度的上升之势。④气候变暖加大了农业灾害的影响。在气候变暖的大背景下，异常气候出现的概率将大大增加，尤其是极端天气现象的增多，势必导致世界粮食生产的不稳定，巨大损失在所难免。气候变化可能加重我国华北、西北地区土地沙化、碱化和草原退化，引起区域气候灾害、荒漠化、沙尘暴的加剧，还有可能加重北方一些地区的干旱趋势和长江流域的洪涝灾害。受高温季风气候的影响，东南沿海台风频率、强度可能增加，并将加重沿海地区的风灾和暴雨洪涝灾害。①

二、技术瓶颈

进入 21 世纪以来，世界经济竞争已从单纯的数量竞争转向高科技技术手段为主的竞争，那些掌握核心技术的企业，尤其是机械制造业，通过不断研发先进的机械设备和推出新的技术手段，在生产加工流程方面攫取丰厚利润，并不断向加工行业本身延伸，逐渐形成对行业的纵向一体化控制。我国粮油机械制造业发展是粮油加工产业的基础，一直以来受到高度重视。但随着改革开放的不断推进，外资进入工业技术设备对我国形成了一定程度的垄断，同时国内相关企业技术研发与创新不足等，对我国粮食安全加工技术与设备方面造成很大威胁。

（一）粮油工业技术设备被外资垄断

1. 我国粮油机械制造业发展经历了计划经济向市场经济的转变

我国是拥有 13 亿人口的大国，年生产及消费粮食近 5 亿吨。粮油机械工业是粮油工业的重要组成部分，包括米、面、油、饲料加工设备的制造，粮油仓储、运输设备的制造，粮油食品深加工以及包装、计量、销售、检测化验仪器设备的制造等。与其他行业一样，我国粮油加工制造业发展也呈现出由传统计划经济向市场经济转变的历史进程。在计划经济体制下，我国粮油加工机械设备制造业都是按照国家的指令行事。国内主要的粮油机械加工制造厂分工明确，各有侧重点，如，无锡粮机厂定点生产面粉加工机械的磨粉机，长治粮机厂主攻高方筛，安陆粮机厂生产碾米设备和油脂加工设备，

① 毛留喜．气候变化对农业发展的影响，http：//www.ahnw.gov.cn/2006nwkx/html/2005021.

永登粮机厂负责生产清理设备等。① 就粮食系统科研院所来说，其研究方向也是各有专工。计划经济体制所形成的行业发展格局在经济发展初期促进了我国粮油工业的发展，在一定程度上有效避免了恶性竞争，但同时也给我国粮油加工机械设备制造业打上了深的历史烙印，至今大多数粮食加工机械制造企业规模小、技术分散、开发能力弱、产品单一、成套能力差，效率低。但随着市场化导向经济改革进程的不断推进，粮油加工机械设备制造业发展也逐渐向市场化迈进。总体来说，我国的粮食加工机械制造业的发展经历了以下三大阶段。

第一阶段：新中国成立到20世纪80年代之前，以我国自主研发为主。新中国成立初期，为迅速摆脱我国粮油加工工艺落后，设备陈旧，生产环境差，经济技术指标低下且国内加工技术处于空白的现实，我国逐步建立健全了粮油机械加工制造业，经过二十多年的不懈努力，我国的粮油机械制造业得到了长足发展。在此期间，主要是以自足本国，自我研发为主。如20世纪70年代末，当时的国家粮食部工业司和粮科院在全国范围内开展了选型、定型、标准化工作会议，确定了碾米、制粉和制油设备的选定型方案，通过这一项工作，使得我国的粮食加工机械水平大为提高，尤其是碾米技术当时已跻身于世界先进行列，在东南亚已处领先地位。我国的砻谷机就得益于当时的全国选定型工作，至今仍不失为世界同类产品中的先进技术。我国粮油机械工业的兴起，为新建、扩建和改造粮油加工企业提供了装备，初步满足了粮油加工业发展的需要。彻底淘汰了土磨、土碾和土榨式粮油加工作坊，结束了依赖进口的局面，实现了粮油加工工业的机械化和生产工艺的连续化。②

第二阶段：20世纪80年代到20世纪90年代，以引进吸收消化为主。据粗略统计，自20世纪80年代初至90年代中期，全国共引进各类粮油加工成套设备330多套，其中大米加工设备40多套，面粉加工及谷朊粉生产设备200多套，油脂浸出、精炼和低温豆粕生产设备等91套。为节约外汇替代进口，自1987年起原商业部将引进技术的消化吸收国产化工作列入了

① 周承惠. 2008. 走向世界的我国粮食加工机械制造业［J］. 面粉通讯（1）：1-6.

② 王瑞元. 2007. 我国粮油机械工业的发展与“走出去”战略实施［J］. 粮食与食品工业(3)：1-5.

国家"七五"重点攻关项目，组织动员了有引进设备的粮油加工企业、粮油科研院所、大专院校和粮油机械制造企业的数百名工程、设计人员共同参与，经过7年多时间的联合攻关，研制出了数十台（套）接近或达到国际先进水平的粮油加工设备，从而使我国的粮油工业和粮油机械制造水平上了一个台阶，缩短了与国外先进水平的差距。① 以油脂加工为例，通过"七五"攻关和消化吸收，完成了环型浸出器、自清式离心机、脱皂离心机、脱水离心机、阿玛过滤机、真空脱色塔、脱臭塔和液压轧坯机等新一代油脂专业设备的设计和试制任务，并在合肥建成了一条日处理50吨的油脂连续精炼生产线，经近五年的试运转，各项指标接近和达到了引进设备的水平。在饲料加工机械制造、碾米加工机械领域出现了成套设备和技术生产厂家——江苏牧羊集团、江苏正昌集团、湖南郴州粮机厂、浙江诸暨粮机厂等企业，成为首批掌握成套设备和技术的粮食加工机械制造企业，并体现出其规模化生产、技术水平提高和售后服务方面的优势，并在国际同行业中享有一定的声誉。遗憾的是，受当时体制和条件的制约，粮食加工机械设备的消化吸收工作主要是由企业自身承担，力量分散，缺乏必要的经费投入；缺乏国产设备成套化和规模化生产方面的考虑，使我国粮食加工机械制造业失掉了一次产业整合、规模化发展的最好机会。

第三阶段：20世纪90年代至今，市场化改革和外资入侵阶段。从20世纪80年代开始的国有企业改革，到90年代进入了攻坚阶段，粮食加工机械制造业如同其他行业一样逐步走向市场化。原来习惯于计划经济体制下的许多国有粮食加工机械制造厂因不能适应新的市场经济体制，纷纷陷入困境。为提高经营效益，大部分企业通过管理层承包或整体出售，成了集体、个体所有制的企业。他们凭借老厂几十年已有的人才资源、技术力量和品牌优势的积累，加上民营企业的灵活机制，一些有胆识的民营厂领导注重科研与科研院所合作，花费重金引进先进机械加工设备，提高了粮食加工机械制造质量，逐步向成套化、规模化经营方向发展，同时注重打造名牌产品，提高了自身的竞争力。例如脱胎于原湖北安陆粮机厂的湖北永祥粮机公司，就是原厂10多名骨干进行股份制改造，经过十多年的经营发展已成为粮油制

① 王瑞元．2008. 粮油加工企业的品牌、创新、开源和责任［J］. 中国油脂（10）：1-5.

造业中具有实力的企业，其粮机产品已拓展到碾米、榨油、面粉、仓储运输、膨化、脱粒六大系列 100 多个品种，产品出口到 20 多个国家和地区。在我国粮油加工机械制造业大力推行国有企业改革改制的同时，一直觊觎中国的世界粮食加工机械制造的著名外资企业也纷纷采取合资、独资的方式进入国门。瑞士布勒公司在向我国销售了几百套面粉、大米加工设备后，在无锡、深圳投资创办了独资粮食加工机械、电子设备制造厂，又收购了“陕西粮机”等相关企业，其占据我国粮食加工机械高端市场的意图显而易见。佐竹公司借助日本进口我国东北大米，成功向我国推销了数十套碾米机械设备，并于 1998 年在苏州建立了粮食加工机械生产基地，2004 年在厦门成立第二工场。从 2000—2005 年，先后成立了北京、哈尔滨、沈阳、成都、厦门事务所，同时利用其收购的英国西蒙公司技术在我国推销始创于中国的剥皮制粉设备和技术。意大利 GBS 公司在我国也有 70 多条面粉生产线的成套设备运转，2004 年该公司进军北京，成立了吉必圣粮食机械公司。[①] 这些合资、独资企业的出现，在给我们带来世界上最高、最新的制造技术和先进的管理经验的同时，也给我国的粮油机械制造行业带来了空前的压力。在我国粮油机械制造业尚未发展成熟形成规模之前，外资大举进入中国，垄断了该行业主要技术设备，为我国粮食机械加工业与粮食加工业留下了巨大安全隐患。

2. 我国粮油工业机械制造业技术水平远远落后于国际先进水平

国际上拥有先进粮油机械制造技术的大型企业大都有几十年甚至上百年的历史，特别是近几十年来，随着世界经济一体化和产业化在国际间整合的风潮，国际粮油机械装备制造业也发生了一系列大的企业兼并与整合，出现了一些知名大型跨国公司。1972 年，瑞士布勒公司通过收购德国的米亚格公司一举成为全球最大的粮机制造供应商。20 世纪 80 年代末，以饲料加工机械见长的贝尔加公司收购本国知名的面粉加工机械企业圣加蒂，并于 2000 年兼并另一家同样知名的面粉加工机械企业圣高尔菲特公司，成为最大的面粉加工机械生产商——GBS 集团。原英国的西蒙公司在 20 世纪 90 年代初与另一老牌粮机生产商罗宾逊公司合并，不到十年

① 周承惠．2008．走向世界的我国粮食加工机械制造业［J］．面粉通讯（1）：1-6.

就被以生产碾米机械闻名于世的日本佐竹制造所收购。如今，这些世界级粮食加工机械制造公司都在我国落户，并建立起了完整的粮食加工机械、电子设备等制造体系，设立销售公司，有计划地逐步收购我国粮机制造行业内的强势企业，以求垄断国内市场。① 这些大型跨国企业凭借先进的技术优势、雄厚的资金优势以及科学的管理手段和经营理念，投入大量的专业人员进行研发，不断推出新的生产设备和技术，对发展中国家粮油加工机械业造成巨大威胁。

我国粮油工业机械制造业远远落后于国际同业水平，尤其是技术装备水平和实力方面远远落后于先进水平。国内民族粮食加工机械制造企业的规模和实力与国外著名粮机制造公司的差距显著，机械产品在设计水平与制造工艺方面还达不到国外先进水平；在研发经费投入和研发能力上更是无法与国际大型粮食加工机械制造厂商相比，仿制产品多，自主创新研发的具有自主知识产权的产品少，大多不掌握硬件和集成软件的核心技术。根据国家粮食局调研发现，我国内资企业的粮油加工机械制造技术存在以下三个方面的问题：①加工制造过程所用的原材料与国外有较大差距，强度和耐磨性能较差；特别是钢材等材料的热处理工艺国内不过关。②加工机械落后，国内采用激光切割设备的企业很少，模具存在问题较多，致使内部结构及关键部件达不到应有的精度和外观要求，轴承、密封圈、橡胶、减速箱等标准件及模具必须进口。③集成电路块的研发落后，自动化控制技术尚未真正掌握，生产的主要产品属机械产品，机电一体化控制部件需进口。国内即使是合资生产的自动化控制硬件，也与进口差距明显。②

3. 市场竞争意识与经营理念的缺乏导致我国粮油工业技术设备受制于外资

我国缺乏市场竞争意识和经营理念，在市场化竞争过程中显得被动、落后。以瑞士布勒公司为例，布勒进军中国的粮食加工机械市场有着明确的目标：占领中国面粉加工机械的高端市场。为实现这个目标，布勒公司制定了

① 周承惠．2008. 走向世界的我国粮食加工机械制造业［J］. 面粉通讯（1）：1-6.

② 郭成．2006. 粮油加工机械制造业的发展历程、问题与对策［J］. 河南工业大学学报（社会科学版）（3）：5-8.

一整套的战略。从1982年进驻中国北京成立办事处开始，之后的十几年成功实现了在我国范围内的战略布局并逐步实现本土化。1993年，布勒工业（深圳）有限公司成立，专门生产包括称重、包装、控制机械、磁选机以及流量平衡器等产品；1994年，无锡布勒机械制造有限公司成立，主要生产包括制粉、饲料、碾米、压铸和其他设备，并于2002年成功收购了无锡布勒中方股东的全部股权，成立了布勒（中国）。2005年之后，瑞士布勒公司更加快了在中国扩张的步伐。2005年3月，布勒集团压铸有限公司中国生产基地在江苏无锡投产；2005年11月，瑞士布勒兼并了"陕西粮机"；2005年11月，索特克斯（全球色选机第一品牌，布勒集团成员）中国生产基地暨布勒深圳新车间在深圳投产；2006年1月，布勒控股与江苏保龙农牧机械有限公司合资创建了第四家生产基地、专业饲料机械制造商——布勒（常州）机械有限公司；2006年6月，将布勒（中国无锡）的应用培训中心升级为布勒中国制粉学校。此外，布勒（中国）在深圳和长春另设有办事处。布勒集团在中国国内的产品销售集中由布勒（中国）来实现。布勒公司在经营策略上，注重品牌，设备制造上质量第一，以用户为本。根据中国的国情，适应中国不同发展阶段、产业发展情况和低价位的消费，面对不同需求的客户，推出层次不同的产品，提高了市场占有率。注重建立完善的售后服务系统，布勒每年都参加一些国内的展览会，开一些客户联谊会。加强同客户的沟通，大力宣传品牌。20多年来，布勒公司根据我国粮食加工机械制造业情况，对其在中国的企业进行了战略整合，同时兼并国内同行业的先进骨干企业，既消灭了高端的竞争对手，又拓展了市场，减少了投资风险，大大地降低了运营成本，逐步实现了其对中国粮食加工机械的高端产品和技术垄断的目标。国际跨国公司在中国的精彩表演向我们展示了大企业占领市场的经营策略实施全过程。①

我国粮油加工制造装备业来源于传统计划经济体制，公有制的许多弊端依然有所体现，由于长时间靠计划吃饭，对市场不敏感。目前我国粮机企业的经营管理人员，大都是从原来计划经济体制下走出来的，缺乏市场经济意识和经营理念。对于自身品牌和发展战略不明确，国内粮食加工机

① 周承惠.2008.走向世界的我国粮食加工机械制造业［J］.面粉通讯（1）：1-6.

械制造业除了几个知名企业比较注重创建和保护自己的品牌外，不少中小型粮食加工机械制造厂家为了追求眼前利益，一味仿造，为争订单互相压价，恶性竞争，使得我国粮机产品利润低，研发投入不足，使得国内的粮食加工机械制造产品在用户心目中一直摆脱不了低档货的地位，使得我国国内的粮食加工机械制造产品不能和国外品牌同等产品处于平等竞争地位。导致整个行业经济效益下降，技术水平难于提高，逐步丧失市场竞争力。国内粮食加工机械制造企业要尽快跳出原有的单纯国内市场的框架，树立现代国际市场的竞争观念，彼此之间在竞争的同时加强合作，使资源配置更为合理，效率更高，向集团化、规模化方向发展，创建自己的品牌。

（二）粮油工业机械制造企业技术研发与创新不足

1. 我国粮油机械设备制造企业技术研发和创新的内在动力

技术创新是以市场为导向，以研究—开发—生产—市场化为流程的一系列活动的综合，其成功与否要以产品的市场实现程度来衡量，这就决定了技术创新的主体必须是企业。由于我国粮食制造装备企业国有比重大，加上受计划经济的惯性推动，相当一部分企业还未真正成为技术创新的主体，没成为创新的决策者和受益者，无论从内部还是外部都缺乏对技术创新的有效激励，创新主体地位难以确立。从外部机制看，政企不分依然在国有企业延续，地方政府没能很好地从计划体制下的直接介入式管理转化为市场经济条件下的宏观调控服务，企业自我决策能力差，创新的自主性大受影响。政府对企业的行政干预过多，许多企业的技术引进、技术改造带有浓重的政府行为色彩。从企业内部看，制度再造缓慢，产权界定模糊，法人治理存在严重缺陷，经营者重速度、轻效益，对国内外的相关信息没有总体、全面的把握，自主创新的愿望不强，自主创新率不高，企业创新缺乏主动性和前瞻性。同时，企业本身也缺乏投资的愿望和实力。我国技术创新的研究开发活动多数在企业外的高校和科研院所进行，企业技术储备不足，缺乏有实力的研发机构和有效的创新机制，企业自主开发的产品少，缺乏竞争力。一些企业虽然设有研究开发机构，但人力资源和物质资源都投入不足，企业没有真正成为研究开发的主体。许多企业沿用传统的粗放型发展模式，由于对新产品、新工艺研发投入力度不够，热衷于低水平的扩张，愿意引进国外成套设备和产品，不但原创性技术创新成果偏少，而且企业忙于应付消化吸收引进技术，在消化吸收基础上的再创新投入严重不足，致使二次开发能力也不强，容易陷入“引进—落后—再引进—再落后”的恶性循环。最后，由于市场规范化的程度不高，使得创新企业和非创新企业的利益差别不大，技术创新的激励作用没有完全发挥出来，技术参与利益分配的技术创新激励机制没有形成，企业没有成为利益分配的主体，导致我国粮食制造业技术创新的动力不足。

2. 粮油机械设备制造企业研发资金投入不足

在工业技术创新活动中，R&D活动处于最基本的核心位置，R&D经费是衡量技术创新资金投入的主要指标。过去，由于实行以国家为主的科技开发投资体制，R&D经费主要投向从事纯技术研究的科研机构，除了少数大型企业的重点项目能得到国家部分投资外，绝大多数企业的R&D经费主要靠自筹和银行贷款。近些年来，全国R&D经费60%以上已投向企业，但政府投入仍然非常有限，大部分经费仍然要靠企业筹集。我国粮食装备制造业老企业比重大，社会负担沉重，银行负债率高，自身积累能力弱，又很难得到银行的支持，以致造成技术创新和技术改造投入严重不足，技术改造欠账过多，引进外资成效不明显，调整和改造缓慢，多数企业技术装备老化，制造业整体竞争力下降，一些传统产业处于停滞或萎缩状态。而长期的研发投入严重不足，使得我国粮食机械制造业创新和技术改造能力也远远落后于其他国家，这就更加重阻碍了我国粮食机械制造业的可持续发展。国际上一般认为，技术开发资金占销售额1%左右的企业难以生存，占2%的可以维持，占5%的才具有竞争力，而我国则这一比重远远低于发达国家。同时，我国粮食机械制造业企业普遍缺少经验丰富、具有较强创新能力的管理人才和素质高且具有市场眼光的技术人员。企业的人才流失情况严重，创新费用分配不合理。所以，要想提升我国粮食加工技术设备的国际竞争力，就必须完善企业作为技术创新的主体地位，加大研究开发的各项经费投入。

3. 跨国公司在华研发抑制了国内企业技术创新

大型跨国企业投资中国粮食装备行业，在提高生产效率以及给中国带来蓬勃生机的同时，也在技术依赖、市场控制以及人才竞争方面对我国粮食机械设备行业存在巨大的威胁，在很大程度上抑制了我国内资企业的技术创新。首先，跨国公司在华研发吸收了国内稀缺的研发资源，加剧了我国技术依赖性。跨国公司研发国际化投资已经对我国科研体系产生很大冲击，它导致国内相关科研机构人才的流失，国内部分保密技术的泄露，在竞争中部分水平较低的研究开发机构面临倒闭的可能，这使得我国战略性研发资源流失严重，进一步削弱了我国自主研发能力，更可能使我国产生对跨国公司研发机构的技术依赖。其次，跨国公司通过在华研发控制了大部分国内粮油机械设备和粮油加工市场。跨国公司通过开发质量精良的粮食加工设备，以及适合国内市场需求和消费者偏好的粮油制成品，极大提高了其在粮油工业市场占有率，赢得了大量的国内消费者，使国内产品市场面临严峻的挑战。目前，国内与跨国公司技术水平差距较大，它们的技术优势已在国内形成一定的市场控制，对产业内的国内企业形成严重的驱逐或压制态势。其新产品在我国市场上形成了垄断，排挤了市场中原有的国内企业，降低了本国企业的市场份额。最后，跨国公司在华研发导致我国人才严重流失。跨国公司研发机构不仅给研发人员提供了高薪，还创造了良好的工作环境，因此国内许多企业和科研单位的大批人才被外资研发机构吸引，从而严重地削弱了我国研发机构的研发力量。如今，跨国公司正逐渐实现人才本土化，其用人策略也发生了很大转变，不仅用高薪从本土企业和科研院所招聘科研人才，还直接去国内高校招聘优秀的应届大学毕业生。跨国公司研发机构规模的扩充导致我国研发人才严重缺乏。

（三）缺乏粮食基础数据库体系

1. 现代粮油装备制造业呈现信息化特征

随着信息技术在全社会的广泛应用，企业信息化成为现代产业的重要特征。企业信息化是指在生产经营、管理决策、研究开发、市场销售等各个方面全面应用信息技术，建设应用系统和信息网络，通过对信息和知识资源的有效开发利用，调整或重构企业组织结构和业务模式，服务企业发展目标，提高企业竞争力的过程。① 制造企业信息化也成为重要的发展趋势。制造企业信息化的核心是通过改善制造信息效用来提高制造企业的竞争力，具体包

① 陈宗舜．2004．制造业信息化与信息编码［M］．北京：清华大学出版社：2.

括两大领域：制造活动信息化和产品信息化。后者是指利用基于计算机和网络技术的信息获取、传递、处理、存储、转换、控制、管理等技术，来提升产品的功能、性能和价值。

任何制造活动都是信息驱动的，都伴随有信息活动并产生制造信息，所以制造活动离不开信息。也可以说，制造过程实质上是一个产品信息的"制造"过程，包括产品信息的采集、加工、拓展和控制等，最终形成的产品可以看做是产品信息的物质表现，制造信息化的实质就是利用计算机网络、硬件和软件等信息技术，来改善、模拟、控制、优化，甚至更新产品信息的"制造"过程。制造过程的原理是制造业信息化的基础，信息技术则是制造业信息化的技术手段。

20世纪50年代，数控机床的发明标志着包括粮油机械装备业在内的机械制造业向信息化迈出了第一步而进入经济信息时代。随后，以计算机技术、网络技术、通讯技术等为代表的信息技术被广泛应用于制造业的各个领域，各种先进制造技术如雨后春笋般层出不穷。这些技术改变了传统资本密集型、设备密集型、技术密集型的生产与管理模式，使生产与管理模式向信息密集型和知识密集型转变从而使制造技术发生了质的飞跃，生产力的含义已经转化为信息、自动化设备和人智力劳动；同时，这些先进制造技术也反映了制造企业信息化发展的方向：集成化、协同化和知识化。随着知识经济时代的到来，信息这一要素正在取代传统制造系统占据主导地位的物质和能量两大要素，而迅速上升为制约现代制造系统的主导因素，并成为现代制造业中最重要的资源和竞争要素。

现代粮油制造业信息化技术的发展趋势可以简单概括为"五化"，即：设计数字化、管理数字化、制造装备数字化、生产过程数字化和企业数字化。①设计数字化通过实现产品设计手段与设计过程的数字化和智能化，缩短产品开发周期，提高企业的产品创新能力。设计数字化是制造业信息化的重点之一，也是目前应用最广泛、研究最深入、效益最明显的领域，主要包括产品设计数字化与过程设计数字化，前者的对象是产品，而后者的对象则是产品的制造过程，分别对应物料清单 BOM（Bill of Material）和过程信息。②管理数字化通过实现企业内、外部管理的数字化、最优化和知识化，提高企业管理的水平。根据现代企业管理技术与先进制造模式的发展趋势，未来的制造企业管理技术的覆盖面、组织形式、经营管理模式、优化方法与技术、支撑平台与工具等方面都将发生很大的变化。③制造装备数字化通过实现加工装配的数字化、自动化和精密化，提高产品的精度和加工装配的效率，并对整个制造业产生深刻的影响。数字化制造装备本质上是“数据驱动”和软件控制的自动化制造装备。④生产过程数字化通过实现生产过程控制的数字化、自动化和智能化，提高企业生产过程自动化水平。在获取生产过程中各种信息的基础上，将分散在不同地点的过程控制、生产调度和管理决策等系统有机集成起来，综合运用自动化、计算机、系统工程和现代管理等技术和方法，从生产过程全局出发，通过对生产活动所需各种信息的有机集成，形成一个集控制、优化、管理和决策等功能于一体，能适应各种生产环境和市场需求，高质量、高效益、高柔性的企业综合自动化系统。⑤企业数字化在以上“四化”的基础上，通过集成形成数字化企业，实现全球化环境下企业内外部资源的集成和最佳利用，促进制造企业的业务过程、组织结构与产品结构的调整，提高企业、区域和行业的竞争能力。企业数字化技术的发展大致上经历了信息集成、过程集成和企业间集成等阶段，目前正在进入知识型企业和网络化制造阶段。①

2. 我国粮油装备制造企业信息化发展不足且缺乏共享机制

我国粮油装备制造业较为落后，尤其在现在信息技术发展方面明显落后于国际先进水平。就整体而言，占有整个粮油装备制造业绝大多数的中小企业，技术研发不足，基本沿袭了传统的经营管理方式，缺乏对信息化建设的认识与投入。一方面，由于人才的缺乏和技术不足，我国粮油装备制造企业忙于引进了先进的技术，在引进过程中，并未充分消化吸收国外先进的制造工艺，缺乏核心技术的掌控，无法在生产全过程中实现对各个流程信息的控制，更无法实现对整个流程的改造和再创造。另一方面，由于企业规模小，资金不足，其在生产与管理理念上的差别导致在信息技术上的不重视，造成我国粮油装备制造业生产过程中的数据信息收集不足。

在行业中较为先进的大型粮油机械制造企业按照国际先进理念，引进并采用了越来越多的计算机应用系统，在提高企业效率的同时，也引起了一些

① 孟永胜．装备制造业产品制造数据集成管理研究与应用［D］．大连：大连理工大学：3.

亟待解决的问题。引起这些问题的原因并不是计算机应用系统效率低，而主要是由于管理方面的原因和缺乏长远的规划。以往在引入计算机应用系统时主要考虑本部门的利益，缺乏从整个产品开发的全生命周期来规划，特别是由于缺乏支持产品全生命周期业务过程的制造基础数据的支持，使得一些应用系统的效果打了折扣，这些都是粮油装备制造企业需要解决的问题：①产品数据庞大且缺乏有效的组织和管理：计算机和网络技术的快速发展使得处于不同部门或不同地域的工作人员都能坐在计算机前办公，从客户订单的签订直到产品形成交付的整个过程都是通过各种各样的 IT 工具来完成的。通过使用各种 IT 工具无疑提高了企业员工的工作效率，但同时也产生了海量的数据和文档。由于缺乏有效的组织和管理，不同应用领域中不同应用系统产生的数据和文档不能有效地为其他应用系统所利用，因此难以提高整个产品形成过程的效率。对于产生的海量数据，不仅难于被有效利用，而且还会带来负面影响。②企业业务过程缺乏监控和透明性：由于产品形成过程中缺乏对产品数据和过程进行有效透明的规划、组织与管理，使得制造企业中大量的数据资源并不能产生应有的价值。跨部门的信息处理过程需要较长的时间，因为此时需要经过长时间的查询，同时还会损失不少有用的信息。由于在跨部门的产品形成过程中，不同部门的员工需利用不同的数据和文档执行不同的任务，过程缺乏监控和透明性，使得这一过程变得相当复杂且难以控制。③系统之间的集成不充分，信息不及时、不准确、不共享：在制造企业中，从产品形成过程来看会发现存在许多相互隔离的“信息化孤岛”。这些信息处理系统的目标是提高企业中各个技术、管理和制造过程的效率并改善工作质量，而缺乏全局的观点来考虑各个应用系统的使用和集成。制造业产、供、销、人、财、物是一个有机的整体，它们之间存在大量信息交换。然而手工管理或只是部门系统管理信息，不及时、不准确、不共享，大大影响了管理决策的科学性。①

3. 我国粮食标准化体系发展相对落后

经过多年的努力，我国粮油标准体系得到了很大的发展，基本满足了我国粮油生产、储运、加工以及贸易等方面质量保证的需求，但与国际和主要

---

① 孟永胜．装备制造业产品制造数据集成管理研究与应用［D］．大连：大连理工大学：4.

发达国家相比，我国粮油标准的制修订水平还有一定的差距。①我国粮油标准体系的结构不够合理。我国目前制定的粮油标准数量的确不少，但是整个粮油标准体系中标准的构成不够合理。粮油加工专业标准数量偏多，储藏、物流、设施等专业标准偏少；检测方法和产品质量标准数量多，良好操作规范少；一般的检测方法多，快速测定方法（如近红外和高效液相色谱等）少。另外，许多粮油产品质量标准划分过细，适用范围比较窄，不能全面满足粮油行业均衡发展对标准的需求，对进一步提高粮油的质量有一定的制约作用。②粮油标准重复交叉制定现象较严重。国家标准和行业标准之间有交叉与重复，例如，粮油水分含量测定方法、脂肪含量测定方法、蛋白含量测定方法、面筋测定方法、脂肪酸测定方法等都有很多项，存在重复制定标准现象。蛋白质含量、脂肪含量等在农业、食品、商检及本行业均制定了测定方法标准，造成同一对象在行业之间可以执行不同标准进行检验的不合理现象，同时大大增加标准的修订工作量，造成人力、物力和财力的浪费。③粮油标准的更新滞后，先进程度不够。我国粮油标准制定的时间相对都比较早，前些年，各行各业都比较重视经济效益，忽视对只有社会效益的标准的更新工作，许多标准未能及时修订，造成标准时效性较差，有些技术内容已过时。这几年虽然粮油标准化工作得到了国家有关部门的重视，从经费上给予了很大的支持，但是粮油方面标准制修订人员比较缺乏，标准更新的质量和速度还不能满足粮食行业发展的要求。④采用国际标准和国外先进标准比率偏低，我国目前粮油国际标准采用率为20%左右，明显偏低，与欧洲等发达国家相比，差距比较大。即便采用国际或发达国家标准，基本上都是修改采用，等同采用的数量不多，不利于与国际接轨，不能满足国际贸易的需要。①

三、产业瓶颈

20世纪八九十年代，中国社会经济逐步跨进历史新时期，工业化进入中期发展阶段，传统农业开始向现代农业转变，计划经济向现代市场经济变

① 林家，永陆晖，孙辉．2008. 国内外粮油标准体系发展现状与对策［J］，农业质量标准（3）：20-23.

更，粗放数量型增长方式向集约效益型增长变革，人民生活在解决温饱问题的基础上向小康化生活变迁。随着世界经济一体化进程的不断推进，外资入侵我国粮油加工产业，并逐步加强对我国粮食加工行业的控制；粮食产销格局发展转变，粮食在全国范围内的远距离运输已成为常态，而适应整个市场经济的现代粮食物流建立起来；在全球以技术创新与研发作为新的利润增长的大背景下，我国粮食科技服务业创新却显得明显不足；而与粮食产业密切相关的粮食信息服务业尚未起步，这些都在现在及以后深深影响着我国粮食加工产业的发展。

（一）粮油工业缺乏引领产业发展旗舰型企业

1. 粮油加工业规模较小且以初级加工业为主

我国粮食产量位居世界前列，但在粮油加工总量和规模水平方面，与世界先进水平相比还存在较大差距。发达国家农产品加工率都在90%左右，我国只有30%左右（粗加工以上）；发达国家深加工（二次以上加工）农产品占80%，而我国只有20%左右；发达国家加工制造食品占食物消费总量的比重大约为80%，而我国不到30%；发达国家农产品加工业的产值一般为农业产值的2～3倍，而我国只有80%左右。

我国粮油加工产业整体上仍以初级加工为主，资源的综合利用率差，精深加工和食品工业化程度低。大多数小型粮油加工企业的产品雷同，产品品种少、档次低，新产品、新技术的研发能力不足，产品缺乏品牌，技术含量低，综合加工能力薄弱，经济效益差。我国工业食品用粮仅为4000万吨，占粮食总产量的8%，工业食品仅占饮食消费25%左右，农产品加工业的产值仅为农业产值的0.4左右，各项指标远远低于发达国家水平。

表3-5列出了中国粮油企业生产能力情况，从整个粮食行业来看，粮食加工企业数目从2004年起逐渐增多，从企业数目比例来看，国有企业的比例逐年下降，从2003年的25.21%下降到2007年的9.60%。就单个行业来看，①稻谷加工行业：2007年，非国有企业6 879家，占稻米加工行业的89.36%，其次是国有企业共800家，占到10.39%的比例，外商及港澳台投资企业仅有19家。企业普遍规模小，稻米行业单个厂家平均加工能力为1.90万吨，而占稻米加工能力的85.96%的非国有企业平均加工能力为

表 3-5　中国粮油企业生产能力统计

单位：个，万吨

项　目	2003 年		2004 年		2005 年		2006 年		2007 年	
	单位数	生产能力	单位数	生产能力	单位数	生产能力	单位数	生产能力	单位数	生产能力
合计	12 777	17 672.3	8 546	—	11 118	—	11 719	—	11 977	—
其中：国有企业	3 221	6 445.5	1 949	—	1 454	—	1 252	—	1 150	—
非国有企业	9 556	11 226.8	6 492	—	9 544	—	10 342	—	10 705	—
外商及港澳台投资企业	90	—	105	—	120	—	125	—	122	—
一、大米加工企业	7 815	6 970.1	5 666	9 463.0	7 060	12 447.6	7 548	14 778.0	7 698	14 665.6
其中：国有企业	2 048	2 955.6	1 228	2 543.1	978	2 051.0	848	2 681.0	800	1 944.9
非国有企业	5 767	4 014.5	4 415	6 813.3	6 255	10 269.7	6 676	11 967.0	6 879	12 606.2
外商及港澳台投资企业	22	119.8	23	106.6	27	126.9	24	130.0	19	114.5
二、小麦加工业	3 469	6 395.8	1 990	6 508.0	2 815	8 090.1	3 159	9 473.0	3 184	10 218.0

（续）

项目	2003年			2004年			2005年			2006年			2007年		
	单位数	生产能力		单位数	生产能力		单位数	生产能力		单位数	生产能力		单位数	生产能力	
其中：国有企业	760	2 013.5		520	1 289.6		326	1 036.8		296	947.0		247	837.5	
非国有企业	2 709	4 382.3		1 434	4 903.9		2 454	6 660.3		2 832	8 146.0		2 902	8 963.8	
外商及港澳台投资企业	34	255.7		36	314.5		35	393.0		31	380.0		35	416.7	
三、食用植物油加工业	1 493	油脂处理	精炼	890	油脂处理	精炼	1 043	油脂处理	精炼	1 012	油脂处理	精炼	1 095	油脂处理	精炼
		5 138.1	1 460.5		5 138.1	1 460.5		5 731.5	1 761.2		7 177.0	2 166.0		7 003.5	2 346.2
其中：国有企业	413	648.7	165.8	201	648.7	165.8	150	934.9	207.7	108	871.0	215.0	103	715.3	152.3
非国有企业	1 080	—	—	643	3 505.3	950.2	835	3 651.2	1 490.4	834	4 301.0	1 049.0	924	4 462.1	1 213.4
外商及港澳台投资企业	34	984.1	344.5	46	984.1	344.5	58	1 145.4	63.1	70	2 005.0	902.0	68	1 826.1	980.5

资料来源：中国粮食经济学会，中国粮食经济行业协会．2009. 中国粮食改革开放三十年［M］. 北京：中国财政经济出版社：460.

1.83 万吨，国有企业为 2.43 万吨，远低于外资及港澳台企业平均加工能力 6.03 万吨。加工方式传统落后，约 70%的稻谷在农村小型机组加工，副产品均被直接用于饲料，资源浪费严重，与新型工业化道路有较大差距。②小麦加工业：2007 年，非国有企业2 902家，占小麦加工业的 91.14%，其次是国有企业共 247 家，占 7.75%，外商及港澳台投资企业有 35 家。国内企业加工规模普遍较小，小麦行业单个厂家平均加工能力为 3.21 万吨，而占小麦加工能力的 87.76%的非国有企业平均加工能力为 3.08 万吨，国有企业为 3.39 万吨，而外资及港澳台企业平均加工能力 11.91 万吨，是国内加工规模的 3 倍。小麦制粉行业技术水平与世界先进水平差距不太大，但总体装备水平与国外有差距，在一定程度上制约了以面粉为原料的粮食深加工，大量的副产物（麸皮和小麦胚芽）没有进行深度加工以实现有效增值。③植物油加工业：2007 年，非国有企业 924 家，占全行业的 84.38%，国有企业 103 家，占 9.41%，外商及港澳台投资企业有 68 家，在所有单个行业中比例最高，达到 6.21%。就年加工能力而言，非国有企业油脂年均处理能力为 4.82 万吨，国有企业为 6.94 万吨，而外商及港澳台投资企业处理能力达到 26.85 万吨，是非国有企业的 5.57 倍。在精炼油方面，外商及港澳台投资企业平均处理能力为国内企业的 10 倍，加工能力占精炼油的 41.79%。国内大多数大豆加工企业产品基本上以油脂和饼粕为主，产业链没有有效延伸，初级加工产品多而精深加工产品和高附加值产品少。例如对市场容量大的脱脂豆粉、豆奶、组织蛋白等的开发力度不够，对科技含量要求高的大豆磷脂、大豆异黄酮、低聚糖和维生素 E 等由于生产成本高、产品纯度不够，尚未形成规模化生产。另外，玉米深加工企业深度加工产品如变性淀粉等产品品种少，质量差；市场普遍需求的乳酸、聚乳酸产品还处于开发阶段规模；淀粉糖应用领域没有突破，总体还在低水平上，以至于我国市场仍以供应高热量的糖类为主。

2. 粮油加工业发展不平衡

粮油加工产业发展不平衡，从产业布局上看，较为先进的粮油加工业大都布局在东南沿海；从行业结构上看，粮油粗加工多，精深加工少；从产品结构看，产品品种花色少、档次低、包装差，产品更新换代慢，低水平上扩张，高档产品生产能力不足，低档产品生产能力过剩，产品结构不能适应市场需求变化；由于粮食生产分散，标准化、规模化程度低，粮油加工企业总体规模小，粮油资源加工集中利用度不够高，具有较强竞争力的大型名牌企业或企业集团为数不多。如国内粮油加工企业合理的经济规模为面粉加工400～600吨/天，稻谷加工200～400吨/天，而我国近80%的面粉企业为50～100吨/天的生产规模，80%的稻谷加工设备为50吨/天以下的小机组。从布局结构上看，70%以上的粮油深加工企业集中在东、南部沿海地区，拥有原料和市场优势的中、西、北部地区深加工企业很少。2007年西部12省区食品工业产值仅占全国食品工业总产值的13.5%，而山东、广东、江苏、河南四省食品工业产值占全国食品总产值的比重高达38.6%。①

3. 我国亟待粮食旗舰型企业的出现

从国际上看，始于20世纪70年代末的第五次产业整合，引发全球范围的产业整合。其主要特征是：大型跨国企业在工业化国家之间展开产业整合；产业间横向整合占据主要位置；强强联合避免了产业之间的恶性竞争。这种方式的产业整合，既为企业获得规模优势，扩大了市场份额，更加强化了核心竞争力。随着我国经济国际化进程的加速，外资并购的加速和国内产业向市场化方向发展，产业整合带来了国内粮油工业市场格局的重新分布，这无疑给国内粮油加工企业带来了前所未有的压力。适者生存，优胜劣汰的法则推动着这些企业通过不断的整合抢占未来市场生存的制高点。不少外资通过由合资逐步演变成为外商独资企业的“和平演变”方式，加强对一些行业的市场份额度占领。出于对中国市场潜力和经济增长前景的看好，外资抢滩我国粮油工业的速度将进一步加快，表面上平静的合资和合作下隐藏的是激流暗涌的竞争和市场占领。应对这样的格局，我国在保持各个市场均衡发展的前提下，我国粮油工业企业应当通过资本市场进一步整合优势资源，强化主要优势企业，不断壮大自身实力，以应对越来越紧迫的外国资本进入所带来的激烈竞争。

但就目前而言，我国的粮油工业企业不仅缺乏与国际资本大鳄直接竞争的实力，而且不能有效地利用国内资本市场进行产业整合。究其原因，一方面是因为我国的粮油工业长期以来吃惯了计划经济的饭，改制改组的步伐也

① 文坤.2008.我国粮油加工业发展与现状分析［J］.农产品加工业（3）：23-24.

相对滞后，所以未能培育起应对国际竞争的能力和实力；另一方面，我国粮油工业的技术储备、人才储备、营销战略储备皆严重不足，缺乏有效地应对国内外激烈竞争的核心资源。需要特别注意的也是十分重要的一点，就是我国粮油工业在政府放松管制的同时，没有形成基于市场经济条件的新型的粮油工业管理体制，没有形成有利于民族粮油工业企业健康成长和迅速发展的产业政策和产业规制。因此，需要政府给予全面的规划与支持，随着我国具有引领产业发展的旗舰型企业出现和不断发展壮大，也必将全面带动和促进我国粮油工业的整合与提升，实现民族工业为主导的粮油工业发展格局，确保我国粮油工业的产业安全。

（二）粮食物流产业仍处于低水平扩张阶段

1. 仓储设施不能适应散粮接卸的需要

总的看，我国粮食现代物流产业发展仍处于低水平阶段，物流成本高、效率低、损耗大等问题仍很突出，粮食物流设施不能适应粮食现代物流发展的需要，特别是仓储设施不能适应散粮接卸的需要，影响了粮食在跨省市安全便捷流通的需要。

我国新建粮库80%为平房仓，从世界发达国家的经验看，平房仓不是最佳粮仓的选型。平房仓虽适于长期储存，却不利于粮食中转调运，特别不利于“四散化”作业。随着北粮南运格局的进一步强化，为保证全国粮食安全，增强宏观调控能力，粮食的快速调运功能进一步加强，因此，以平房仓为主储存设施的缺点逐步显现出来。从物流全过程看，原粮主要以包装方式进行流通，目前粮食运输中平均散运量约为12%，与占总仓容92%的散装仓储能力，形成强烈反差。以人工拆包入库、灌包出库、人力装卸为特征的包粮运输作业模式，不仅劳动强度大、作业环境差、粮食损耗高、作业费用高、还增加了作业环节。

我国粮库布局存在不尽合理的方面。主要表现在：粮食主产区与主销区粮库仓容分布不均衡，粮食储备与加工区域分布不协调，储备粮品种结构不合理。目前，我国储备粮库和粮食分布已经形成了以粮食产区为主的基本格局。这种格局的最大缺陷是受铁路、交通设施的制约，主产区储存的大量储备粮不能及时运到销区，导致销区的粮食需求不能得到及时满足。粮食储备与加工区域分布不协调，使主产区大量原粮运往销区，不仅增加了主产区粮食收储压力，还浪费至少20%的运输能力。

粮库受管理体制分割的影响，资源不能综合利用。有些粮库仓房闲置，有限粮库缺少仓房，不少粮食露天存放；收纳库、中转库功能分工不清，储备粮占用中转库容，导致中转库中转次数少；散粮装卸接卸不足，只有5%的粮库配置了散粮卸车设施，大多数粮库不能完成散粮装卸作业；快速中转节点设施不足，具备散粮机械化操作的立筒仓及浅圆仓占总仓容比例仅为13%，且主要集中在东北地区。华北主产区、长江三角洲、珠江三角洲等主销区，立筒仓、浅圆仓的仓容比例偏少。

2. 粮食运输和中转不畅影响粮食安全

跨省粮食运输主要依靠铁路运输和铁海运输。据东北粮食部门估算，外运粮食约40%通过铁路运出，约50%采用铁海联运方式。黄淮海地区粮食外运主要依靠铁路，但粮食运输不畅，严重影响了销区订购合同的兑现，严重影响了销区市场的供应。粮食运输不畅的主要原因如下：①交通运输能力不足。铁路运力严重不足，不能保证粮食及时足额运输，粮食海运能力挖掘不够，北粮南运海上运输比例仍然不高。我国年铁路运力约50亿吨，只能满足全国实际运输需求量的1/3。东北有些粮库交通条件较差，严重制约了东北粮食通过铁路入关，影响了北粮南运。②接发装卸设施严重不足。东北主产区部分交通枢纽、港口中转仓容接受发放设施不能适应需要，各环节衔接不畅。东南沿海主销区散粮接卸、中转能力严重不足，特别是中转仓容偏少，中转设施相对落后，致使港口压船，粮库压车现象普遍发生。

3. 粮食批发市场功能不完善

目前，我国的粮食批发市场对粮食供求反映滞后，运转机制呆板，粮食吞吐规模小，辐射能力弱，不能适应国内国际粮食贸易的需要，不利于粮食流通体制市场化取向的总体改革目标的实现；粮食批发市场没有起到协调产区粮食生产和销区粮食消费关系的作用，没有发挥粮食市场作为粮食宏观调控基础功能；现有粮食批发市场的现代化程度和信息化程度较低，不能有效应用电子商务，缺乏发达的物流配送功能，发展空间较小；现有粮食批发市场的交易透明度不高，公开、公正、公平交易欠缺，某些批发市场在某种程度上还存在着暗箱操作和不规范行为。粮食批发市场的这些问题，造成了粮食批发市场经营的困境和较高的风险，与市场经济的发展不相适应。

4. 粮食物流企业组织化程度低

到目前为止，我国没有从事粮食物流业务的大型企业。各级粮食行业机构改革后，大小粮库、粮食贸易加工企业都成为自负盈亏的独立经济实体，成千上万个企业只承担着粮食物流过程中的储存和部分装卸功能，年作业量少则几千吨，多则几万吨，规模太小。在粮食贸易成交后，都要自己去寻找运输公司进行运输。没有大型粮食物流企业或兼营粮食物流的大型企业将众多粮食企业的物流需求集成规模，进行全过程的专业化作业，提供社会化服务。从物流过程看，每一批粮食物流过程各个环节分割；从总体上看，物流的需求零散、无序、小量，导致粮食物流成本偏高，效率低下。

（三）粮食科技服务业缺乏自主创新能力

1. 粮食科技服务业企业缺乏自主创新的主体性意识

粮食科技服务业，是指运用现代科技知识、现代技术和分析研究方法以及经验、信息等要素向粮食行业提供智力服务的新兴产业。具体包括粮食成果评审、粮食科技信息、科研条件、粮食科技金融、粮食专利技术、粮食技术标准化、计量、粮食科技咨询、粮食技术贸易、粮食专业人才培训等与之有关的各种服务。近年来，随着我国科技体制改革的不断深化，我国粮食科技服务业也初步形成了“政府引导、企业为主、科研院所与企业合作”的多形式、多类型、协作联网、信息共享的发展格局，在培育和发展科技企业、促进粮食产业发展方面发挥了积极的作用。但我国粮油加工技术与设备的研发创新方面，存在明显不足，科技开发和研究力量分散，科研经费短缺，科技资源配置不尽合理，成为制约整个粮食行业加速发展的重要因素。

究其原因，粮食科技信息服务企业主体性意识缺乏是制约其自主创新的主要原因之一。主体性是科技服务企业技术创新的内在前提条件，作为粮食加工与装备技术创新的主体，其主体地位具体表现在三个方面：一是创新的投资主体；二是创新研究开发活动的主体；三是创新损益承担主体。作为技术创新的主体，科技服务公司能够根据国家产业政策和技术政策的宏观导向，按照市场需求的实际情况和自身所处的竞争局面，自主地选择并进行与本企业的实力以及发展目标相适应的技术创新项目。我国粮食科技服务企业大多数是在计划经济向市场经济转化过程中逐步发展起来的，是政府为了促进经济发展和科技进步而出资设立的，具有很强的公益性，其组织性质、发展方向、主体业务不明确，机构内部缺乏有效的竞争机制和约束机制，缺乏市场竞争意识，在很大程度上还较依赖政府指令，特别是在开展创新投资、承担风险方面意识差，其在产品技术研发与创新方面未能充分发挥其应有的作用。

2. 粮食科技服务业企业缺乏自主创新的外在驱动力

市场是技术创新得以实现的最终场所，而市场需求则是技术创新活动的动力，是技术创新活动的基本起点。这里的市场需求是包括粮食加工产业以及粮食机械设备制造业在生产、加工过程中出于降低成本、提高能效、改进产品、开发新产品等方面的考虑而产生的需求。因此，粮食科技服务业企业所面临的市场需求是引致需求，是来源于粮油加工与粮油技术装备制造业的发展而派生产生的。与国际先进水平相比，我国粮油加工产业发展本身相对滞后，产业盈利水平较低，对技术研发重视不够。在追求利润为导向的市场经济条件下，难以自发形成对相关粮食科技服务企业的市场需求。粮食科技服务企业的资金多来自政府投入，并以非营利的公营性质为主，而规模较小，由于缺乏相应旺盛的市场需求，使其盈利能力不足，并同样面临着后续资金不足的问题，更加缺乏自主创新的外在拉动力，导致一方面基础性技术研究不被重视，技术储备缺乏，另一方面，企业自主开发创新能力差，能够实施产业化的科技成果不多。在市场经济条件下，激烈的竞争是企业技术创新的外在压力。由于粮食科技服务业发展滞后，并未形成充分的竞争机制。主体意识不强与市场竞争意识不足导致粮食科技服务企业缺乏更好、更有效地进行技术创新活动的动力。

市场需求和市场竞争都是来自市场机制的动力要素，粮食科技服务企业要进行自主技术创新活动，更离不开政府政策的激励和诱导。政府政策对企业技术创新活动的激励主要体现在宏观产业政策和科技创新政策、财政税收政策等几个方面。但我国在信贷、税收、投资等方面，对粮食科技信息技术研发的扶持政策较少，粮食产后加工还未能得到像粮食产前、产中一样的重视。表 3-6 列出了我国近年来粮食固定资产投资情况。我国农副食品加工业和食品制造业固定资产投资从绝对数上讲，均有较大的增长，但从2001—2009年，分别增长了近60倍和50倍。但从相对比率来看，其各年固定资产投资占全社会固定资产投资总额的比例仍非常低，二者的合计到2009年，也仅有2.24%，远远低于美国、日本等发达国家。

3. 粮食科技服务业企业缺乏持续创新能力

创新能力是科技信息服务企业创新活动的核心保障力。创新能力是企业组织人员进行技术研究开发、研制新产品、开拓新市场的能力，包括创新意识、创新观念、分析能力、技术研究开发能力、投资能力、组织能力和营销能力，是创新过程中一系列能力的综合体现。创新能力的强弱直接关系到公司技术创新活动的经济效用。技术创新的内在特征表现为连续性和阶段性的统一，创新持续性是技术创新成功的关键因素，而粮食科技服务业高层次人才缺乏成为制约创新能力持续发展的重要因素。从粮食科技服务机构人才队伍状况看，不论是事业型还是企业型服务机构，其从业队伍整体素质整体偏

表3-6　我国2001—2009年固定资产投资情况

单位：亿元

年份	固定资产投资总额	农副食品加工业		食品制造业		农副产品加工业与食品制造业占全国固定资产投资的比重（%）
		绝对数	占全国的比重（%）	绝对数	占全国的比重（%）	
2001	14 820.10	47.36	0.32	34.21	0.23	0.55
2002	17 666.62	73.79	0.42	54.53	0.31	0.73
2003	22 908.60	148.94	0.65	99.32	0.43	1.08
2004	192 739.30	1 173.20	0.61	787.20	0.41	1.02
2005	247 510.30	1 859.80	0.75	1 141.90	0.46	1.21
2006	299 682.10	2 551.10	0.85	1 610.20	0.54	1.39
2007	117 464.50	1 638.10	1.39	965.20	0.82	2.22
2008	148 738	2 045	1.37	1 143	0.77	2.14
2009	193 920	2 830	1.46	1 510	0.78	2.24

低，服务水平差距较大。一方面，服务机构还难以从市场上寻觅到满意的从业人才，另一方面，许多科技服务机构规模小，经营能力差，对高素质服务人才缺乏吸引力，有专业特长的技术人员更加稀缺，特别是从事粮食加工技术、粮食机械设备制造技术、粮食检疫检测技术等的优秀工程技术人才相对短缺，这对我国粮食科技服务业的发展极为不利。同时，科技服务机构急缺具有企业家素质的高级管理人才和高专业素质的咨询服务执业专家（如企业诊断师、企业管理顾问师、工业工程师、企业信息化工程师等），对咨询服务执业专家队伍建设，我国尚没有建立培训制度及相应的能力认定制度，尤其是在科技风险投资咨询、科技成果评估、科技信用等方面服务严重不足，无法满足客户的需求，也难以形成规模效益。这必将严重制约粮食科技服务业的竞争力。

（四）粮食信息服务业尚未起步

1. 门类齐全的粮食服务产业尚未形成

信息服务业是直接从事信息的采集、加工、传递、交流，并以信息产品向社会提供服务的各种行业，是第三产业的重要组成部分。进入 21 世纪以来，全球信息产业发展的“服务化”趋势日益显现，现代信息服务业应运而生。区别于传统信息服务业，人们将通过计算机、通信和网络等现代化技术对信息进行收集、处理加工、储存、传递和利用，为社会提供信息产品和服务的专门行业的集合体称之为现代信息服务业①。现代信息服务业连接信息设备制造业和信息用户，对社会生产与消费的拉动作用大，产业关联度高，目前已经成为信息产业中发展速度最快、技术创新最活跃、增值效益最大的产业。它能推动整个信息产业链向上游的设计研发延伸，提高产业附加值，助推城市的信息产业从“加工”到“制造”直至“创造”的转型，是推进信息产业乃至经济的新增长点。2008 年 3 月我国宣布成立工业和信息化部，并于 2008 年 7 月正式组建。2008 年 7 月 3 日《文汇报》报道，一份涉及 20 大产业的《上海产业发展重点支持目录（征求意见稿）》已经通过市政府和市发改委网站公布。其中，位列第一的是

① 毛媛丽，蔡馨燕．中外信息服务业比较与对策研究［M］．信息时代——科技情报研究学术论文集（第二辑）：323-338.

金融服务业，第二就是信息服务业。由此可见，我国信息化建设和信息服务业建设的步伐正在加快。

按照国家统计局对信息服务业的界定：信息服务业分为社会调查业、信息处理业、信息提供业、电信服务业、咨询业、经纪业、公共信息服务业和其他信息服务业等 8 个大类，表 3-7 是将 18 个中类按照性质的不同归类整理为 8 个大类目录。

表 3-7　我国信息服务业的分类

序号	归类后的大类	行业目录中的分类
1	社会调查业	社会调查业（8224）
2	信息处理业	计算机服务（8310）、数据处理业（8320）、数据库服务（8330）
3	信息提供业	咨询、广告（8210）、出版业（9020）
4	电信服务业	电信业（6020）
5	咨询业	公正业（8221）、律师事务所（8222）
6	经纪业	商业经济与代理（6500）、证券经济与教育（6860）、房地产经济与代理（7400）、文化艺术与代理（9080）、技术推广与交流（9370）
7	公共信息服务业	图书馆业（90400）、群众文化业（9050）
8	其他信息服务业	其他未包括的咨询业（8290）

总体而言，根据生产流程的不同，信息服务业还可分为信息供应业（信息提供业、公共信息服务业）、信息传输业（电信服务业）、信息处理业（社会调查业、咨询业、经纪业、其他信息服务业）。信息供应行业的主要职责是原始信息的采集和编辑。信息传输行业的职责是提供信息产品的销售渠道，将信息供应商的产品传输到用户处。由于历史原因，大部分信息供应商实际上也兼任信息传输商的角色，但是随着科技进步和需求提高，信息传输的专业化已成为一个趋势。信息传输行业的变革异常迅速，科技进步和监管政策的变化是信息传输行业高速增长的两个发动机。信息处理行业属于信息服务业中的增值行业，在信息供应和信息传输行业的基础上，根据用户的需求提供具体的信息增值服务，包括咨询、顾问、市场调查、数据处理等行业。

按照以上标准，我国粮食信息服务业则应包括粮食信息专业调查公司、粮食信息公共信息平台服务业、粮食信息相关软件设计、粮食咨询与经纪业等行业。但从现实来看，我国信息服务产业发展较为滞后，目前多关注于动漫产业、软件产业、服务业外包、广告咨询、电信产业等方面的发展。而在粮食信息服务业方面发展不足，甚至说还尚未起步。我国的粮食信息服务业的收据收集仅限于国家粮食有关部门对粮食生产、流通方面的收集，而对于粮食价格走势与期货的交易信息的收集则限于粮油信息中心或者期货交易系统，同时相互之间数据各成体系，而针对于整个粮食产业的信息服务业尚未建立起来，无论从类别上、规模上都远远落后于其他产业。

2. 对粮食信息服务业的忽视导致其发展滞后

由于信息服务业与计算机、信息化、网络等相关联，导致信息服务业一开始就与高科技密不可分。人们对信息服务业的认识也多从动漫产业、软件业等第三产业着手打造，而对于生产性服务业的关注较少。在生产服务业方面，由于市场需求，人们更关注高附加值的行业，如电信、冶金制造、船舶、发电、微电子等行业的信息服务业发展，而针对我国基础性行业——粮食产业从生产、流通到加工、消费的整个环节的信息服务业认识不足。专门针对粮食行业的研究较少，从全国范围来看，由于市场经济确立与发展，国内科研机构和高校方面对粮食经济问题研究不够重视，只有个别高校由于历史沿革，依然对粮食经济、粮食加工方面有所关注，但也依然面临科研经费不足与科研成果不受重视的现状。

从世界经济发展的历程来看，从信息资源中捕捉商机，更重要的是从中提炼知识、智慧，用信息化改造和软化我国的传统产业和工商金融企业，提高产品附加值和市场竞争力，是实现我国当前“又好又快”发展战略的重要途径。粮食产业作为传统产业，其信息服务业发展具有一定的特殊性。粮食生产阶段具有一定的弱质性，由于公共产品的特征，其信息服务尤其是数据的收集、技术的推广等则需要国家给予大力支持与提供；而粮食流通环节大部分掌控在国家粮食系统内，但随着民营经济的逐渐壮大，仅靠过去的信息传导机制则会导致信息失真，因此，粮食收购、储藏等方面的信息化服务需要由粮食系统牵头结合市场力量完成，同时在粮食物流方面，由于粮食物流的统一性和整体协调性，则需要专业化的信息部门在全国粮食物流框架下进行规划实施；粮食加工工艺与机械设备制造方面，既需要新技术的研发，也需要从管理、销售、人力资源管理方面对全过程给予改造。因此，除粮食信息收集之外，粮食信息服务业中价值最大，增值最快的部分则是粮食信息咨询业。但人们都对此信息服务业对粮食行业的作用认识不足，对信息可能带来的经济价值还没有正确的认识，而对粮食信息的有偿服务也表示排斥和不理解。

3. 粮食信息服务业人才储备不足

信息服务业其特有的产业特征对其人才素质具有很高的要求。基于信息技术和网络技术的信息服务业作为信息产业和第三产业（即服务业）的交叉行业，既具有信息产业的一般特征，又具有服务业的特征。其主要特征主要表现在高度创新性和高度倍增性两个方面。①具有高度创新性。信息技术的发展和创新是基于大规模科学研究与重大发明创造，是建立在现代科技最新成就和多学科交叉基础上，信息产业具有很强的创新性特征。信息技术的扩充速度是每三年增加1倍，信息技术专利每年新增超过30万件，科研资料的有效寿命平均只有5年。②高度倍增性。信息技术的应用可以显著提高资源利用率、劳动生产率与工作效率，从而取得巨大经济效益。美国由于信息技术的利用，使得每1元国民经济生产总值所耗用的能源比1973年下降约1倍，企业开发和使用信息系统的收益增加40%～60%，使用计算机辅助设计的企业，收益至少增加10%。信息技术在改造传统产业中的投入产出比，我国一般为1∶4，发达国家甚至可达到1∶10以上。这种高度倍增性，使得信息活动从原来的单一公益服务型逐步成为获取超额利润的源泉，并独立成为一个特殊而又重要的信息产业部门。

而粮食信息服务业作为信息服务业同样也具有高度创新性和高度倍增性的特征。这就要求从事粮食信息服务业的专业人员，既懂计算机技术开发、网络设计、粮食生产关键技术，又需要精于市场营销与企业管理、信息收集与处理等方面，而具有上述综合掌握核心技术的综合性人才更加稀缺，或者说是需要对一群具有相关知识背景专业人员进行重新整合来满足信息服务业发展的要求，但在这方面我国还远远不够，已有的大部分科技情报研究机构的研究人员在观念、意识、经验等方面都与社会化服务的要求差距较大，研究人员以理工科专业为主，管理、经济、信息等综合学科人员很少，缺乏管理人才和基于网络的资源开发人才，人员业务素质和业务训练提高方面也还有很大差距，对社会和企业提供综合服务的能力有限。同时由于粮食产业发展不足，盈利能力差，导致投身于粮食产业发展研究与信息服务的人才较少，再加上国家对此行业的重视力度不够，在人才培养和制度环境创造上，还离市场需求有一定的距离。因此，我国要大力发展粮食产业，保障粮食安全，充分利用粮食信息服务产业则是一条重要途径。

第四部分　中国粮食安全的重大挑战

虽然近年来中国粮食生产发展和供需形势呈现较好局面，但随着我国工业化、信息化、城镇化、市场化、国际化的深入发展，维护国家粮食安全面临新的情况和问题，出现若干重大挑战。

一、粮食工业的外资垄断

我国是世界上人口最多的国家，也是世界上最大的口粮消费国，随着经济社会的发展，食物加工制成品占主食的比重越来越高，同时，我国劳动力价格低，粮食生产、加工的成本相对较低，投资我国粮食领域有着广阔的市场和丰厚的利润。按 WTO 协议，中国限制外资企业进入粮食流通领域的过渡期 2008 年结束，更有利于跨国资本介入国内的粮食经营活动。出于对中国市场潜力和经济增长前景的看好，外资抢滩我国粮油工业的速度进一步加快，加强对粮食加工行业的市场份额度占领。

（一）外资加紧进入我国粮食工业领域

1. 布局加工领域

我国加入 WTO 以后，我国粮食流通领域的过渡期到 2008 年结束，进入 2009 年，外资企业在国内从事收购、储存、运输、加工、销售、进出口等粮食经营活动的限制进一步放开。几大跨国粮商利用国际贸易经验和资金优势，迅速在我国粮食加工业领域布局。四大国际粮商（ADM、邦吉、嘉吉和路易达孚）均在国内开展粮油加工业务，其投资项目包括饲料蛋白、稻谷、棉子、芝麻、植物油、玉米加工、各种食品配料，动物饲料和化肥等。① 目前仅 ADM、嘉吉和邦基三大跨国粮商已经掌握我国近 1/3

① 钟庆君 . 2009. 外资进入我国粮食领域：一个不能漠视的问题［J］. 红旗文稿(10) .

的大豆加工能力，如果加上金光、正大等，外资已控制我国40%的加工能力。若按有效加工能力计算，国内大豆加工实际被外资控制50%以上。2004年以来，随着国内中小企业的停产关闭，外资进一步加快了扩张步伐。如ADM已经参股13个工厂（约1 500万吨加工能力），2011年拟通过其控股托福公司收购华农集团30%的股份；嘉吉已在东莞、南通投资建厂（约250万吨加工能力）；邦基已收购山东三维。现在国内90多家榨油企业，有64家已经变成外资独资或合资，中国85%的油脂加工总量已经被外资控制。①

仅益海嘉里一家，旗下拥有金龙鱼、胡姬花等知名品牌，参股生产鲁花等品牌，占据了国内小包装食用油市场的半壁江山。

2. 垄断生产原料

2008年以来，根据WTO相关条款，外资进入中国粮食加工流通领域的设限消除，跨国粮商开始大举进军中国，“布网收粮”。跨国粮商利用其丰富的国际贸易经验和资金优势，已基本完成对我国大宗食用油压榨原料的采购控制。我国大豆进口供应也主要由少数跨国粮商控制，如ADM、邦基、嘉吉、路易达孚四家公司垄断了我国80%的进口大豆货源。据2008年9月国家发改委发布的《促进大豆加工业健康发展的指导意见》，自1996年起，我国由大豆净出口国转变为净进口国；2007年大豆进口量达3082万吨，比2000年的1 042万吨增加1.95倍，年均增长16.7%。大豆进口量占2007年世界贸易量的40.9%，比2000年提高22.0个百分点。大豆进口依存度从2000年的48.1%，增至2007年的78.7%。据海关统计，2008年我国累计进口大豆3 743.6万吨，比2007年的3 082万吨增长21.5%；价值218.1亿美元，增长90.1%；进口均价582.7美元/吨，上涨56.5%。随着国际粮商巨头大举进入，进口大豆来势汹涌，国产大豆市场份额迅速降低到30%以下。目前棕榈油是除大豆油外中国第二大消费食用油，也是调和油生产的主要原料。中国棕榈油几乎全部都依赖进口，年进口量达500多万吨，其中绝大部分来自东南亚，② 而丰益国际是世界最大的棕榈油公司之一，在中国棕榈油

① 李春艳.2009.外资侵蚀中国粮油市场　中国粮食安全堪忧［J］.党政干部文摘（3）.

② 李经谋《2009中国粮食发展报告》第300页。

进口贸易中获利颇丰。

3. 操纵销售渠道

外资粮商掌握了中国植物油销售的终端渠道，然后再建立或收购面粉厂、大米加工厂，借助植物油的销售渠道进入粮食市场。目前，外资粮商不满足于在农民与粮库、粮食加工企业之间充当搬运工角色。一些外资企业通过收购粮食企业，控制中国粮食流通的意向非常明确。据统计，益海集团在国内直接控股的工厂遍布河北、山东、江苏、福建、广东、广西等沿海主要省份及四川、湖北、湖南、新疆、宁夏、黑龙江等内陆地区，贸易公司及办事处已覆盖除西藏和港澳台地区外的全国各省。路易达孚（北京）有限公司自2005年获得国内玉米贸易许可证后，积极拓展国内市场，着手将华北和东北玉米销往南方和西南地区。占据我国市场半壁江山的粮油巨头金龙鱼高调推出了大米。[①] 自2004年后，因为逐步实行粮食购销市场化，基层粮库不再获得国家财政补贴，完全自负盈亏。这使部分粮库生产经营艰难，负债沉重。对于实力雄厚的外资粮商的控股意向，不少基层粮库认为是解困良方。外资通过收购中国粮食流通中的中小企业来把持销售环节，而且农民也更愿意把粮食以高价格卖给它们。外资的渗透给中国带来的粮食安全风险问题益发显著，进而挑战国家储备粮制度。

4. 控制技术设备

我国中小型粮食加工企业往往经济效益低，难以通过自身积累进行技术升级改造。大中型粮食加工企业位于粮食主产区，经济实力也不雄厚，缺乏足够的资金投入搞研发。由此导致粮食加工企业自身造血机能差，自主创新能力弱。在粮食加工设备方面，现有粮机装备制造企业主要以生产小型成套和单台大型设备为主。由于设计、机械制造技术与材质等多种原因，大型关键设备的技术含量低、可靠性差，设备机电一体化水平及耐用性与国际先进产品有差距。重要的加工工艺和技术装备主要依靠从发达国家引进，仍没有摆脱“引进—落后—再引进”的恶性循环。发达国家在高技术、深加工领域实施技术垄断和封锁。如具有战略意义的粮食深加工产品——聚乳酸，可以生产可降解、无污染的塑料和地膜；又如清洁生产大豆浓缩蛋白的醇法制取

① 李国祥.2009.内忧外患粮食安全考验中国［J］.中国贸易报，2009-02-03.

技术；运用于粮食深加工的生物技术、膜分离技术、离子交换技术、超微技术等高技术长期掌握在国外跨国公司手中，①② 对我国进行技术垄断，从而垄断我国的产品市场和掠取最大利润。

（二）外资垄断我国粮食工业领域的危害

1. 冲击本国粮食工业

我国经济国际化的加速和国内产业向市场化方向发展，加上我国粮食工业行业大多是私有中小企业，这为强大的外资创造了兼并条件。地方政府为了招商引资，不仅对外商的进入没有设定门槛限制，甚至还为外资提供各种优惠政策。外资并购严重冲击了我国对粮食工业领域的控制力，带来了国内粮油工业市场格局的重新分布。就目前而言，我国的粮油工业企业不仅缺乏与国际资本大鳄直接竞争的实力，而且不能有效地利用国内资本市场进行产业整合。究其原因，一方面是因为我国的粮油工业长期以来吃惯了计划经济的饭，改制改组的步伐也相对滞后，所以未能培育起应对国际竞争的能力和实力；另一方面，我国粮油工业的技术储备、人才储备、营销战略储备皆严重不足，缺乏有效地应对国内外激烈竞争的核心资源。需要特别注意的也是十分重要的一点，就是我国粮油工业在政府放松管制的同时，没有形成基于市场经济条件的新型的粮油工业管理体制，没有形成有利于民族粮油工业企业健康成长和迅速发展的产业政策和产业规制。跨国公司掌控中国粮食加工流通领域的意图已经显露。如果掌握了粮食加工流通领域，就掌握了粮食制成品的定价权，进而影响到我国粮食市场的调控力度。

2. 扰动粮食市场价格

通过影响价格来控制销售的终端渠道，从而完全控制市场，实现高额利润，这是所有跨国企业基本的经营战略。2004 年，跨国粮商针对我国榨油企业高度依赖进口大豆的条件，利用期货手段，把国际市场上的大豆价格一路拉到了每吨4 300元，在国内榨油企业集中采购了约 300 万吨的美国大豆后，跨国粮商又一路把价格压到每吨3 100元。为此，中国油脂企业半数破产，与此同时，跨国资本迅速扩张，占据了中国小包装食用油近 85％的市

① 周莉萍．2007．我国粮油工业发展的几个关键问题［OL］．中国食品产业网，2007-11-23.

② 袁国洲．2009．中国粮食安全问题及对策［J］．中国经贸（3）．

场份额。目前，我国80%大豆压榨能力为跨国粮食企业控制，国内企业完全失去了议价权。取得定价权后，跨国粮商必然希望通过抬高原料价格来赚取垄断利润。由于国内企业对进口大豆依赖性逐步增强，进口大豆价格从每吨2 000多元一度飙升至每吨6 000元的历史高价。① 在跨国企业已掌控我国植物油定价权的情况下，如果进一步取得粮食流通的控制权，必然像大豆油一样操纵粮价。中国关于外资企业进入粮食流通领域的WTO过渡期已结束，跨国公司开始进军中国粮食流通领域。我国粮食生产对外依存度虽然较低，但我国化肥生产中硫黄与钾肥高度对外依赖，国外有可能通过提高肥料成本，抬高我国粮食价格。粮食生产本身具有周期性和滞后性，价格的巨大波动将会误导后续的粮食生产，严重损害我国实体经济的发展。

3. 侵害相关主体利益

外资对我国粮食工业的渗透和控制首先侵害了内资企业的利益。以大豆为例。在2000年以前，中国的大豆压榨业中，内资企业占据了绝对主导地位。2003年，外资大豆压榨产量仅占全国产量的18%。然而，2004年开始有了变化，利用期货把大豆价格一路拉到了每吨4 300元，在高价的引诱下，国内榨油企业集中采购了约300万吨美国大豆。跨国巨头随即又把价格打压到每吨3 100元，致使中国油脂企业半数破产，市场份额锐减。而跨国粮商趁此利用并购、参股、合资等形式，控制了近60%的国内油脂企业。② 外资对我国粮食工业的渗透和控制其次损害了农民的利益。在2008年我国大豆产量1 650万吨、比上年增长29.7%的情况下，据海关总署公布的进口数据，2009年第一季度大豆进口1 015万吨，同比增长30.4%。③ 外资企业进口大豆以低价优势使国产大豆销售困难，豆农亏损，种豆意向下降，播种面积持续下降。外资对我国粮食工业的渗透和控制最后侵害了消费者的利益。跨国资本通过控制原料来赚取利润是必然的。目前中国的大豆原料中70%依赖进口，受中国需求旺盛的推动，从2009年4月底开始，外盘大豆价格（芝加哥期货交易所的大豆期货价格）在不到一个半月的时间里累计上涨幅度超

① 李春艳.2009.外资侵蚀中国粮油市场　中国粮食安全堪忧[J].党政干部文摘(3).

② 李春艳.2009.外资侵蚀中国粮油市场　中国粮食安全堪忧[J].党政干部文摘(3).

③ 中国产业经济信息网，2009-10-07.

过25%。[①] 外盘豆价继续大幅上涨最终将迫使国内食用油价格跟随上涨，每一位消费者都要为高价粮油买单。

丰益国际正准备在黄淮地区增加玉米、小麦加工投资，而从2005年开始，路易达孚从中国政府获得了玉米国内贸易的许可证后，正着手将华北和东北玉米销往南方和西南地区。外资一旦控制粮食加工领域，必然侵害整个粮食产业的相关主体利益。[②] 削弱粮食政策效力。

目前我国粮食市场调控存在的一大问题是只有储备粮控制，没有对加工品和销售的控制。若外资粮商在掌握了中国植物油销售的终端渠道后，再借助植物油的销售渠道进入粮食消费市场，进而把持粮食销售环节，必将对我国粮食的整体供应产生影响。现实存在着外资通过垄断粮食加工销售环节，进而冲击国家粮食调控政策效力的极大风险。

目前我国粮食流通格局中主渠道的作用不明显了，流通各个环节都市场化了，个体私营占了很大一部分，这种中小企业竞争的格局会非常有利于外资的进入，国内没有真正的大企业能与之抗衡。目前，中储粮作为全国最大的粮源控制企业，具有较强的实力，但却没有粮食加工业务；中粮集团有加工业务，却不能掌控粮源，销售网络也不够；华粮集团虽然在全国属于比较大的企业，但实力与跨国公司根本不能相提并论。如果任其发展，外资企业有可能成为中国粮食加工销售的老大。

一旦如此，外资可以哄抬物价，农民也更愿意把粮食以高价格卖给它们，国家储备粮制度就会失控。而国家对粮油终端市场的经济调控手段对国际粮商很难及时起作用，正如国内食用油市场已发生的情形。2007年国内食用油价格猛涨，中储粮抛出20万吨食用油平抑油价，市场上却波澜不起，随后的调查显示，70%的食用油都进入了一家跨国粮商的仓库。[③]

4. 降低粮食安全水平

粮食加工业是食品工业的重要基础产业，是农产品加工业的支柱产业，是粮食产业的重要组成部分。发展粮食加工业，对满足城乡居民生活消费需求，发展现代粮食流通产业，促进农民增收，增加就业，推动地方经济发

---

① 中国产业经济信息网，2009-10-07.

② 张魁兴.2009.保护国家粮食安全不是杞人忧天［N］.证券时报，2009-01-19.

③ 钟庆君.2009.外资进入我国粮食领域：一个不能漠视的问题［J］.红旗文稿（10）.

展，保障国家粮食安全等具有重要意义。

目前，粮食加工业已经形成了比较完整的产业链，延伸到饲料加工、畜禽、水产养殖、营养保健、包装、化工、环保、军事、医药、纺织服装、航空、航天等领域，成为我国国民经济中的重要组成部分，并且具有非常广阔的发展前景。

如果国内粮食加工业消亡，各相关产业的发展将受制于人，进而影响我国整个国民经济的发展。我国部分大豆加工和贸易已被外资掌控，我国的大豆供应及饲料工业、畜禽、水产养殖业的发展将全面受制于外国。如果外资完全控制了我国的粮食加工领域，那么，国内粮食市场和国际粮食市场将一体化。外资为了谋求利润，当国内价格高于国际市场时，外资企业会向我国倾销粮食，当国际价格高于国内时，外资企业会将国内的粮食销往国际市场。我国的粮食安全将没有保障，粮食安全的风险将进一步加大。

二、粮食进口的大国效应

所谓粮食进口的“大国效应”是指大国的粮食进口量即使只占国内总供求量的较小比重，其占国际市场总供求的比重也会较大，大量的进口势必拉动世界粮食价格的上涨。作为粮食生产和消费大国，中国的粮食国际贸易一直受到世界的关注。1994 年，美国学者莱斯特·布朗（Brown）发表了一篇论文“谁来养活中国?”，他预测中国粮食产品将出现巨大的供需缺口，并认为中国在世界市场大量购粮，必然导致粮价上涨，即“大国效应”显现。此后，国内许多学者开始关注这一问题，并普遍认为，“大国效应”会影响中国利用国际市场解决粮食安全保障问题。笔者结合分析近年国际粮食贸易形势，认为中国在粮食进口贸易中存在着产生“大国效应”的风险性，应警惕这种风险性。

（一）重要粮食品种进口规模增长趋势明显

粮食贸易市场化阶段（2001 年至今）。中国加入 WTO 以来，在粮食贸易方面也逐步对外开放，取消了全部出口补贴及限制进口的计划，管理改为关税配额管理，使粮食的进口有了较大的增长。2009 年中国已经进口了全球大豆贸易量的 1/3。展望未来，在“饲料作物”、“经济作物”等的压力下，我国粮食产量大幅度增加的可能性不是很大，未来的粮食进口将呈不断增长趋势。

（二）国际市场高弹性反应的风险显现

近年来，全球主要粮食产品平均价格上涨迅猛，联合国粮食及农业组织（FAO）价格指数显示，全球粮食价格 2007 年上涨 24%，2008 年前 8 个月涨幅超过了 50%，所有大宗粮食价格都创下 10 年新高。据 FAO 预测，食品价格在今后 10 年内还将大幅度上涨。2008 年 8 月后，受国际金融危机及石油价格下跌等因素影响，国际粮价出现短期性回落，但仍处于历史高位，反映国际粮价走势的联合国粮食及农业组织粮食价格指数比 2006 年同期高 28%，国际粮食供求形势依然严峻。至 2009 年 5 月，包括大豆和玉米在内的一些商品价格，大幅反弹，达到 2007 至 2008 年粮食危机前的价格水平，较 2010 年 12 月的最低价格上涨了 50%。[①]

根据中国社会科学院乔召旗、罗荣海 2009 年计算：[②] 从品种上看，小麦净进口对于我国国内粮食价格和国际粮食价格都具有正的相关性，我国小麦净进口带动了国际小麦市场价格的上涨。就玉米净进口来看，我国玉米净进口与国内外玉米的价格也是正相关，且国内的影响较大。就不同品种比较来看，大豆的净进口与国际粮食价格相关性最强，相关系数是 0.50，其次是大米 0.40，小麦与玉米分别是 0.29 与 0.24（相关系数 ρ 是用以反映变量之间相关关系密切程度的统计指标，当 $\rho>0$ 时，表示两变量正相关，$\rho<0$ 时，两变量为负相关。当 $0<|\rho|<1$ 时，表示两变量存在一定程度的线性相关。且 $|\rho|$ 越接近 1，两变量间线性关系越密切；$|\rho|$ 越接近于 0，表示两变量的线性相关越弱。一般可按三级划分：$|\rho|<0.4$ 为低度线性相关；$0.4\leqslant|\rho|<0.7$ 为显著性相关；$0.7\leqslant|\rho|<1$ 为高度线性相关）。我国对大豆的大量进口对世界的大豆价格产生了很大的影响，过去十年来，中国的大豆消费增长了 10 倍，大豆供应严重不足，70%需要依靠进口。中国大豆增量需求将很难通过自身增产解决，而必然和全球市场联系在一起。只要大豆价格和全球价格联动，其他粮食价格也将随之上涨。可见，我国的粮食净进口对世界粮食价格具有一定的正影响，我国粮食净进口量的增加，将

① 牛晓涵．2009．商情世界［N］．中国贸易报，2009-06-09．

② 乔召旗，罗荣海．2009．我国粮食贸易与世界粮食价格的相关性研究［J］．粮油加工（5）．

带动世界粮食价格的上涨，存在着国际粮食市场价格与我国粮食进口规模同步增长甚至国际粮食价格对我国粮食进口的高弹性反应趋势。其对我国粮食安全的内在风险性因素在于：

（1）我国粮食进口代价将不断加大。目前，国内每年粮食消费量按5亿吨计算，按5%正常允许的进口量应当为2500万吨。每年进口量相当于每年世界贸易量的12%左右，① 如此大的比率引起世界粮食市场大幅度波动的可能性很大。每当世界波动、粮价上涨，国外总有少数人散布"中国粮食威胁论"。13年前有人渲染"谁来养活中国"的悲观论调。近年来国际上又有人重弹"中国大量进口粮食导致世界粮食价格暴涨"的老调。2006年以来，一些国际基金以获利为目的，利用全球性资源供求关系紧张的发展趋势和公众担忧日益增长的市场氛围，在包括农产品、金属和能源在内的商品期货市场上大肆进行投机交易，导致农产品价格在短期内迅猛上涨。据估计，到2030年中国人口会达到16亿的顶峰，届时的粮食消费将达到6.5亿吨，我国自由进口粮食的难度和代价将不断加大。②

（2）国际金融危机推动粮食价格上涨。世界主要农产品和原油交易都是以美元计价。自2002年以来，美元对其他外币不断贬值，促使生产要素价格逐步上扬，农业生产成本不断增加，部分国家农产品进口也随之不断增加。特别是美国次贷危机引发的金融危机和原油涨价，导致全球性通货膨胀日趋明显。近年来，随着美元下跌，国际市场上以美元计价的大部分粮食价格相应高涨。根据2001—2008年6月的统计数据，美元兑世界主要货币指数与食品价格指数的相关系数达－88.00%，与谷类价格指数的相关系数为－81.99%，与油脂类价格指数的相关系数为－86.05%。进一步计算表明，美元每贬值1个百分点，食品价格将升高0.5个百分点。鉴于国际粮食市场的情况，联合国粮农组织认为，全球基本农产品价格上涨的趋势将持续到2010年，届时世界粮食平均价格将会上涨20%。③

---

① 彭珂珊.2009.2008年全球粮食危机与中国粮食安全问题观察［OL］.中国食品产业网，www.foodgs.cn，2009-02-06.

② 人民日报记者.2008.国家粮食局专家驳斥中国导致世界粮价飙涨说法［N］.人民日报，2008-02-19.

③ 李经谋.2009.2009中国粮食市场发展报告［M］.北京：中国财政经济出版社［N］：265.

（3）各国存在限制粮食出口倾向。面对全球性粮油价格上涨，为了保护国内消费者，一些国家纷纷采取保护性措施。例如：一些传统粮油出口国（如俄罗斯、乌克兰、阿根廷、印度、越南、马来西亚等）于 2007 年秋天开始限制出口数量，取消出口补贴，增设或提高出口税，甚至干脆禁止粮油出口；一些进口国家（如印度、欧盟、印度尼西亚、泰国、韩国等）则于 2008 年初开始降低进口关税，鼓励进口，增加储备，甚至以国家财政补贴消费者。出口供应减少，而进口需求加大，导致世界粮油价格在 2008 年 4 月进一步上涨。① 面对这种形势，再考虑到粮食的种类结构、质量和可食用性，作为拥有 13 亿人口，现人均不足 400 千克粮食占有量的中国，如何保障粮食安全成为更加严峻的课题。

三、粮食品质的消费安全

改革开放以来，中国经济以前所未有的速度迅猛发展，全社会粮食品质的消费安全水平得到很大提高，粮油食品食用安全保障体系正在建立和完善。但是，粮食品质的消费安全方面仍面临着严峻挑战。

（一）我国粮食品质消费安全保障面临的新形势和新挑战

1. 工业化、城市化进程加快对粮食品质环境的挑战

优质安全的粮食作物需要良好的生长环境，它包括大气、水质、土壤及规范的生产操作技术。近几年来我国工业化和城市化迅速发展，而随之制造出的环境污染对粮食品质安全的影响也在加剧。

工业废水、废气、废渣的大量排放，已严重影响作物的生长和产量的提高，化肥、农药残留污染土壤和水体，也时刻在影响着农产品的质量安全和居民饮食安全，仅就有机氯农药这一项，全国检出粮食类超标率就占15%～20%。② 我国面临的环境形势仍十分严峻，地表水污染依然严重。长江、黄河、珠江、松花江、淮河、海河和辽河等七大水系总体水质与上年持平。200 条河流 409 个断面中，Ⅰ～Ⅲ类、Ⅳ～Ⅴ类和劣Ⅴ类水质的断面比例分别为 55.0%、24.2%和 20.8%。劣Ⅴ（五）类水质，基本丧失使用功能。

---

① 彭珂珊.2009.2008 年全球粮食危机与中国粮食安全问题观察［OL］. 中国食品产业网，www.foodgs.cn，2009-02-06.

② 桑英，张福生，王海英.2009. 农作物污染及其危害［J］. 内蒙古农业科技（2）：109-110.

另外排放的污水有 90%不经任何处理就直接进入江河湖海和农田灌溉水，给农牧业带来极大危害。[①] 据中国国家环保总局有关负责人介绍，土壤污染的总体形势相当严峻，已对生态环境、食品安全和农业可持续发展构成威胁。据不完全调查，目前中国受污染的耕地约有 1.5 亿亩，污水灌溉污染耕地3 250万亩，固体废弃物堆存占地和毁田 200 万亩，合计约占耕地总面积的 1/10 以上。[②] 农村环境问题日益突出，生活污染加剧，面源污染加重，工矿污染凸显，饮水安全存在隐患，呈现出污染从城市向农村转移的态势。虽然近几年实施了农业生态环境和农业投入品综合整治，但是难度大，效果缓慢。[③]

2. 全面建设小康社会对粮食品质消费安全保障提出新要求

改革开放以来，随着全面建设小康社会进程的加快，我国经济持续高速增长，粮食品质的消费安全问题越来越敏感。随着工业化、城市化建设进程的加快以及外向型经济的发展，城市人口（包括外来人口）的不断增长，居民收入水平、生活水平大幅提高，对粮食质量的要求越来越高，从渴望解决温饱，到提出无公害食品、推广绿色食品再到目前对有机食品的追求，追求吃得安全、健康。与此同时，农村逐步向城镇发展，农民向居民转换，无地农民日益增多，日常使用的粮油都要到粮油店、超市去购买。随着农民生活水平的提高，消费习惯和方式也在发生变化，对粮油的品质要求也逐步提高，精、细、优质、安全的理念正在农村逐步普及。目前尽管我国的粮食质量整体提升，但与城乡居民日益提高的安全消费需求相比还有一定的差距。因此加强粮食品质消费安全的任务十分艰巨。

3. 粮食购销市场化及粮食产业化对保障粮食品质消费安全提出新考验

2004 年初，国家正式宣布全面开放粮食购销市场，我国粮食购销市场化及粮食产业化的步伐明显加快。新的商业零售业态不断涌现，从连锁便利店、超市到大卖场，整个粮油销售市场蓬勃发展。随着粮食市场主体的多元化，保障粮食品质消费安全的难度也在加大。由于粮油零售经营门槛较低，

---

① 环境保护部：《2008 年中国环境状况》2009 年 6 月 5 日。

② 陈德敏，薛婧媛 . 2008. 中国土壤污染现状与法律责任解读［J］. 重庆大学学报（社会科学版）（1）.

③ 任正晓 . 2006. 农业与粮食热点问题研究［M］. 中国经济出版社：146，153.

大量的民营、个体粮店成为粮食零售市场的主角。经营者鱼龙混杂，进货渠道纷乱杂章，各类收购主体竞争激烈，整体收购质量、分等分级难于监管，粮食加工企业的粮源质量和产品质量的鉴定监管难度也随之加大，在粮油加工行业，一些个体、小型粮食加工企业的不合格产品大量流入了农村消费市场，严重侵害和威胁消费者的食用安全和身体健康。在粮食购销市场化及粮食产业化新形势下，粮食流通领域出现多头管理、交叉执法，执法职能和管理范围存在漏缺和重复的矛盾，粮食行政主管部门的行政执法能力和手段有限。如何让广大居民和农民方便地买到安全、放心的粮油食品，是粮食行政管理部门面临的新考验。与此同时，随着粮食流通市场的国际化，我国农产品市场的对外开放和关税税率的降低，粮食进口增加，如何既符合世贸组织的规则，又把好进口粮油质量关，是确保国家粮食质量安全的新的重要课题。

（二）粮食品质消费安全的多重隐患

粮食品质安全涉及粮食种植、储藏、加工、运输、销售直到消费者食用的各个环节。目前粮食品质安全方面尚存在可能损害或威胁人体健康,危及消费者及其后代的多重隐患。

1. 种植、收获、储存环节的粮食品质安全隐患

在粮食种植环节，在以个体家庭为单位的粮食生产体制下，由于没有专业的技术人员进行研究和指导，农民在选种、施肥、虫害管理方面知识匮乏，一旦遇到虫害或者杂草威胁，农民就会乱施肥、多打药；农资市场监管混乱，个体农民在农资的买卖关系中处于弱势，各种假药坑农事件时有发生，最终导致粮食农药残留高；连年出现的暖冬现象，使得翌年病虫害发生频率高、危害大、感染快，导致滥用农药的状况越来越严重。

在粮食收割晾晒环节，由于机械化作业程度低，一旦遇到恶劣天气，不能及时收上来的粮食常常发生霉变腐烂；农民仍然采用露天晾晒粮食的一成不变方式，不但会产生极大的粮食损耗，也会对粮食造成严重的二次污染（如禽流感、硫化物等），影响品质；很多农民沿袭传统习惯，往往将收割的粮食先堆成垛，不能及时翻晒降低水分，使粮食颗粒霉变。

在粮食储存环节，一些收储企业对收购进仓的粮食，习惯用药剂熏蒸杀虫，储存时间越长，药毒残留越多；存放粮食的仓库简陋，设计不合规范，

容易受鸟鼠的威胁；农民的粮食储存方式通常采用袋装，或者简单的堆放，因为不能通风，不能及时监控粮情的变化，极容易导致粮食霉变。目前国家正积极推广的粮食“四散”（“散装”、“散运”、“散卸”、“散存”）储运技术尚未普及。

因为粮食农药残留高，中国产的玉米大豆等粮食品种多次被国外禁止进口入境，如据中国国家农产品加工信息网2008年12月4日报道，由于之前在中国豆粕中发现三聚氰胺，欧盟禁止进口中国大豆基质婴幼儿食品。

2. 加工环节的粮食品质安全隐患

粮油初加工由于市场准入门槛较低，存在前店后厂作坊式生产与大规模、现代化流水线生产并存的现象。部分小型企业及民营粮食企业生产工艺落后，生产设备简陋，生产场地狭小，资金供应紧张，缺少固定的粮源组织渠道，缺乏必要的检测设备和检测人员，生产台账（车间记录）往往流于形式，原粮和成品分区储存也很难执行。一些粮食加工企业为迎合部分消费者盲目的求精心理，在生产加工大米、面粉时采用不符合国家或国际食品卫生标准的加工工艺、食品加工助剂的使用量不合乎标准，特别是任意添加增白剂，添加非食品级的色素、香味剂、防腐剂、保鲜剂、发色剂、护色剂等，对人体健康危害较大。

3. 销售环节的粮食品质安全隐患

粮食在销售环节依然存在二次污染问题和隐患：一是部分经营者因经营场地狭窄，堆放地不卫生、不通风，存在超期、发霉、变质现象；二是由于包装容器不符合要求，在与食品的直接接触过程中产生有害成分，污染了食品；三是存在滥用食品标识问题，如伪造食品标识、夸大食品的作用，用虚夸的方法展示食品不具有的功能和成分，进口食品无中文标识，使消费者无法辨认等。以上究其原因有：①粮食购销市场化以后，原有的粮油食品质量卫生检测监管体系被冲破，行政监管权力分割、脱节，责任推诿。粮食加工完毕检验出厂，厂家通过自有营销网络或借助公共销售平台销售给批发商、超市（含小型便利店），或直接配送至酒家、饭店、食堂及居民手中，缺乏健全规范的粮食质量检测监管体系。②粮食经营、加工主体多元化，市场经济秩序不规范，对不法商业行为打击不力。商界诚信意识和守法经营观念淡薄，多数个体粮食加工、经营商缺乏检测设备和专业人才，加上为降低经营成本，不愿意也不可能对自己经营的粮油进行严格的品质检测。③全民质量安全意识低，食品质量知识普及不够，消费者的识假辨劣、反诈维权能力不强。

（三）粮食消费方式不健康

根据我国20世纪90年代初的研究表明，人均粮食370千克就能够基本满足对食品的消费需要。西餐的人均肉类消费量，比我国目前城市的消费要高出近3倍，仅此一项，西餐的粮耗就需要多出近200千克。20世纪90年代初，我国主要食物生产能力大幅度提高，居民生活水平迅速改善，膳食模式逐步向多元化方向发展。粮食消费中存在追求西方国家高热量、高蛋白、高脂肪的饮食结构倾向，既不利于民族的健康且造成严重浪费粮食现象。根据河南工业大学曹利强等的调查统计，目前我国每年产后的粮食损失为6 000万吨左右，消费领域的损失占相当大的比重。学校、饭店、机关、团体、部队等集体饮食单位都存在大量的损失和浪费现象：①家庭粮食消费损失。家庭粮食消费的综合损失率为7.34%，其中米饭与面制品消费损失率分别为6.61%和7.54%。②饭店粮食消费损失。消费者在饭店就餐时的粮食消费综合损失率为18.63%。其中米饭消费损失率为23.10%；面制品的消费损失率16.77%。③食堂粮食消费损失。根据食堂经营者与消费者的调查结果的平均数来衡量，食堂的粮食综合损失率为5.42%，其中日均米饭和面制品的消费损失率分别为6.36%和4.99%。①

四、粮食流通面临转型

粮食安全的内涵与外延十分丰富，是一个涉及多层次与多环节的概念。粮食流通是联系粮食生产和消费的桥梁和纽带。粮食流通是否顺畅不仅直接关系到粮食产需的顺利衔接，而且直接关系到粮食商品能否实现其价值，最终也关系到粮食消费安全。在粮食供求日趋紧张的情况下，多年来政府把粮食安全的重点放在生产环节。但当粮食生产达到安全边际的时候，也就是紧平衡阶段，粮食流通安全往往具有决定作用。从2004年开始，我国放开粮食购销价格和粮食经营，初步建立了与社会主义市场经济基本相适应的粮食

① 曹利强，李荣英.2009.粮食产后损失不容忽视［J］.中国统计（3）.

流通体制，并成功应对了与世界金融危机结伴而来的世界粮食危机。但尚须居安思危。国内外影响粮食市场的各种因素非常复杂，而我国尚缺乏在市场条件下全面调控粮食市场的经验，粮食流通安全方面仍存在着诸多问题、矛盾和挑战需要克服和化解。

(一) 粮食流通主体方面

1. 农民被动参与粮食流通

据统计，作为我国主要的粮食生产者和经营者个体农民，其生产的粮食约有70%左右是自用的，只有约30%的粮食是商品。[①] 与此同时，我国农民组织化参与粮食流通的水平不高。虽然我国农民目前组织化参与经济过程的现象并不鲜见，但发展不平衡。在瓜果蔬菜、禽蛋、生猪、果品的运销方面农民组织化参与较多，在粮食流通中农民组织化参与较少，大多数尚未介入。[②] 种粮农民个体规模小，组织化程度低，其粮食生产很少在产前以合同方式预订下来，即使有合同，也往往会出现大量的违约，形同虚设。如此造成其粮食供给量的不确定性，使种粮农民在粮食市场的购销中处于随机状态，只能作为粮食市场上价格涨跌的"跟风者"。这种状况既影响了农民自身的种粮收入也加大了粮食市场的价格波动，为粮食流通安全增添了变数：在市场价格较高时多售，市场价格较低时则增加粮食储备，而在价格上涨预期较大时，就会囤积粮食，加剧粮食价格的上涨，在价格下降预期较大时，就会抛售粮食，加剧价格的下降。

2. 国有粮食企业地位不稳定

国有粮食企业历来是我国粮食流通中最主要的市场主体，经过几十年的发展，国有粮食企业已经发展成为一个庞大而完善的体系，主要包括：粮食收购企业（农村粮管所、粮站、一部分从事粮食收购工作的粮库）；城市国有粮食零售企业（全国2008年前国有城镇粮店、粮油食品店、粮油食品综合店、连锁店、议价粮店、饲料店以及其他零售网点5.2万个，职工总数50.3万人）；粮食储运企业；粮油加工企业（2008年前与粮食

---

① 卢良恕.2007.粮食安全［M］.杭州：浙江大学出版社.

② 夏扬，陶振民.粮农生产经营组织化问题的重要性研究［J］.湖北大学学报（哲学社会科学版），36（4）.

相关的各类加工厂有11 110家左右)。① 然而，随着改革开放的不断深入推进和整体经济市场化程度的不断加深，国有粮食企业发挥保障粮食流通安全的作用出现不稳固的趋势，主要表现为：一是粮食产业化龙头企业数量少且规模小，产业化程度低，市场竞争力不强，尚难以在竞争中真正实现由“计划主渠道”向“市场主渠道”的转变；二是地方政府特别是一些省级政府对粮食流通工作重视程度还不够；三是金融和财政支持力度还不到位，企业的历史包袱还未完全解决。这些问题都直接影响了国有企业的改革发展，制约了其主渠道作用充分、有效地发挥。

这里需要特别注意的是，在深化粮食流通体制改革中，一些粮食部门出现片面主张国退民进的浪潮，实施对国有粮食企业“卖、快卖、卖光”的所谓改制转制，其用意在于把国有粮食部门作为财政包袱一甩了之。结果只能是弱化粮食流通主渠道，而与保障粮食流通安全背道而驰。② 应当肯定，几十年来，尤其是在新中国成立初期长期实行计划经济的时期，国有粮食企业在我国粮食供给严重短缺的情况下能把非常有限的粮食较为公平有效地分销到众多的消费者手中，其绩效是不容否认的。市场经济条件下，粮食流通安全仍需要国有粮食企业发挥主要保障作用，这个作用主要体现在：国有粮食企业掌握粮源充足，可有效促进产销衔接；可带头执行政策，稳定市场粮价；在突发事件发生时，可充分保障口粮供应；管理粮食储备，保障粮食安全；扶助弱势群体，促进和谐发展。此外，国家军粮供应、大型水库移民补助粮、退耕还林粮食补助等政策性用粮的供应，必须由国有粮食企业来承担。实践证明，“一卖就灵”的奇迹并未产生，却使政府对粮食市场的宏观调控失去了一个系统完整、反应及时的网络载体。

（二）粮食市场流通体系建设方面

统一、开放、竞争、有序的现代粮食市场体系有利于粮食价格依据其价值随供求的波动而及时变化，尤其是大型批发市场的粮价涨落更能及时灵敏地反映出我国粮食供求形势的变化，为我国的粮食生产和国家的粮食宏观决策不断提供准确的市场信息，使粮食生产者和国家宏观调控部门及时采取应

① 卢良恕.2007.粮食安全［M］.浙江大学出版社.

② 李全根.2002.论深化粮食流通体制改革的路径选择与目标界定［J］.红旗文稿（3）.

对措施，从而避免我国粮食产销形势的大起大落，降低粮食流通风险。当前，我国粮食市场体系尚不健全。首先，粮食现货市场不发达、功能不完善，存在区域分割和低水平过度竞争问题。尽管改革开放以来城乡包括粮食在内的集贸市场发展很快，但是这些集市贸易，是市场的初级形式，只能在小范围内调节粮食的供给，不能左右粮食的价格。其次，粮食批发市场存在布局缺乏科学统一规划、交易规模过小、经营交易手段简陋落后、拍卖成交及远期合约交易甚少等缺陷，尚不具备现代批发市场应具有的物质集散、价格生成、信息发布、标准化建设、服务引导、产品促销、产业带动等重要功能。其三，粮食期货市场存在期货品种少、缺乏稳定的机构投资者和套期保值基金、中小散户期货投机成分过重等缺陷，从而限制了价格发现、套期保值和风险转移等期货市场功能的发挥，甚至反而放大粮食市场的波动和交易风险。其四，粮食市场供求和价格信息不全、失真和滞后的问题比较突出。粮食市场信息数据要么不全，缺乏权威性或公正性，要么处于保密阶段（只有交纳会员费才能获取）。政府、农户和涉农企业往往难以得到及时、准确、全面、有效的粮食供求和价格信息，因而严重影响粮食流通安全，甚至加剧粮食市场供求和价格的波动。其五，粮食市场监管存在多头管理、权责不清、力量分散、调控乏力的问题。国家发展改革委员会、国家粮食局、农业发展银行、财政部、中央储备粮管理总公司等多个部门对粮食市场流通管理都负有责任，造成权责分散、责任不清。

（三）粮食产销衔接方面

2006年国家发展改革委、国家粮食局、财政部、铁道部、交通部、国家工商总局、中国农业发展银行联合发布《关于进一步促进粮食产销合作发展的指导意见》，按照“政府推动、部门协调、市场机制、企业运作”的原则试图建立新的粮食产销区粮食购销协作关系。这一举措符合市场经济规律，粮食产销区合作关系逐步得到了加强，并发挥一定的作用。但也应当看到，目前产销区之间的合作，主要还是以地方政府推动为主。受短期利益的驱使，主销区地方政府和主产区地方政府在粮食过剩或短缺中进行博弈：在主销区粮食紧缺的时候主产区“待价而沽”，从而人为地放大了粮食紧缺的信号；而在粮食过剩的时候，主销区则不急于从主产区调粮，通常把本区的存粮指标降低到最低限度，以降低本地区储备粮食的费用，使得粮食过剩被人为地放大。随着跨省粮食交易量的逐年增大，这种博弈机制加上运输、资金等方面的制约因素，使得粮食的市场流通风险也随之日益增大。

（四）粮食储备调节机制方面

储备粮是国家粮食宏观调控的重要物质基础，粮食储备制度的建立，维护了国家粮食安全，抵御市场风险，调节粮食价格，保护农民利益的重要作用。但由于我国整个粮食流通体制尚未完全理顺，粮食储备的调节机制在运作过程中存在着一些深层次的矛盾和问题，使其本应发挥的作用大打折扣，具体表现：

1. 储备粮调控主体层次过多，削弱了调控效果

目前，我国存在中央、省、市、县四级储备并存的格局。多元主体不利于分清责任，易发生利益冲突，影响储备粮调控作用的充分发挥。如当市场粮价全面上涨，中央动用专项储备向市场抛售粮食平抑市场波动时，许多地方粮食部门的实际操作却与中央背离从中获益；当执行保护价收购粮食时，会出现一个地区按保护价收购而其他地区不按保护价收购的情况，使执行该政策的地区负担加重，地方政府感到吃亏，缺乏执行该政策的积极性，甚至不执行。

2. 储备量布局不合理，增加了调控成本

从储备粮的地区分布来看，我国的粮食储备主要集中在主产区，且其所占比重极大，13 个主产区占全国粮食储备总量的 72%左右，销区和其他地区占 28%左右。黑龙江、吉林、河南三省的库存量占全国库存总量的 1/3，有 9 个省份占全国库存总量的 1/3，其余省份占全国库存总量的 1/3。[①] 虽然在粮食供大于求时，这样的布局有利于粮食的收购，但是在粮食供给紧张时，却会对销区的粮食安全造成严重的威胁。同时有相当多的中央储备粮承储库点与地方商品粮在同一个库点一起进行管理，监管难度较大，使主管部门难以了解中央储备粮库的真实情况。[②]

3. 粮食储备的运作程序繁琐，影响调控效果

① 卢良恕．2007．粮食安全［M］．杭州：浙江大学出版社．

② 龙方．2007．新世纪中国粮食安全问题研究［J］．北京：中国经济出版社．

我国储备粮的粮权在国务院，具体负责行政管理的是国家粮食局，此外，这项工作还涉及国家发改委、财政部、中国农业发展银行和中国储备粮管理总公司等几个部门。① 储备粮的吞吐需要由这些部门研究同意后，再报国务院批准，然后由这些部门下达给有关企业来执行。当国内粮食市场出现波动往往会因为部门之间意见不一致，错过最佳调控时机，难以形成对市场的正面推动力。同时，承储企业无轮换经营权，层层审批后往往失去“商机”。轮换费用难以落实到基层承储企业，轮换资金没保证，轮出轮入的价格政策不明确，在近年粮食市场价低于国家保护价较多的情况下，使得承储企业难以进行正常轮换。

4. 农户储粮现状不容乐观

从整个社会来看，粮食储备除了国家专储外，还有农民自储、国有和私营粮食经营企业的周转储备、养殖企业的原料储备以及居民口粮储备。根据调查，农户储粮约占我国粮食储备的60%。② 在粮食出现紧张的时候，农民消费一般可以通过自己储备或少部分国家储备解决。而农户储粮现状不容乐观，全国农村固定观察点办公室2008年对河北、辽宁、黑龙江、江苏、浙江、安徽等17个省（市）的部分观察点样本农户进行了分品种的粮食生产、消费和储备的问卷调查。调查发现，农户净储备粮为人均148千克，其中60.2%的农户有较长时间的粮食安全储备（4个月以上净储备），17.7%的农户作较短时间的粮食安全储备（2～3个月净储备），22.1%的农户基本不作粮食安全储备（1个月以下的储备）。按复种指数不同，有些地区应保持4个月。③

① 卢良恕.2007.粮食安全［M］.杭州：浙江大学出版社.

② 刘梦羽.2009.我国粮食储备远高于安全警戒线［J/OL］.www.chinareports.org.cn.

③ 杨军，吕荣文.2008.粮食安全储备的现状及前景［J］.粮油仓储科技通讯（6）.

第五部分　中国粮食安全战略与政策选择

中国粮食安全战略决策理当奉行科学发展观，坚定于立足自力更生解决粮食问题的基本路径，突出全面建设小康社会的时代特征，顺应社会主义市场经济的客观要求，建立和健全富有中国特色的由政府主导、市场运作、宏观调控，保障国家粮食安全的中央与地方政府首长负责的协同体制，构建保障有力、运作有序的粮食安全保障体系。在粮食安全政策选择上必须坚持以农为本，切实保护耕地资源，维护农业生态环境，提高农业机械化水平，协调粮食产销区之间的财政经济利益关系，持续稳定发展粮食商品生产。同时加速培育现代粮食流通产业，整合宏观调控载体，完善宏观调控政策，提高宏观调控水平。

一、粮食安全战略决策

（一）粮食安全战略指导思想

粮食是人类生存所需最具有基础性重要意义的生活资料，由此也就决定了粮食的战略属性，是有关国计民生的战略物资。也正因为如此，粮食商品生产的发展是人类社会发展不可或缺的前提条件。我国作为人口众多、处于发展中的社会主义大国，粮食问题从来都是头等重要的军国大事，永远都必须从战略高度保持清醒的认识。在我国全面建设小康社会，着力于更加宏伟的社会主义现代化建设时，尤为需要有一个相对稳定、较为理想的粮食安全局势。因此，努力构建一个保障有力、运作有序的粮食安全保障体系乃是粮食安全战略的总方针。而自力更生、立足国内解决粮食问题，实现粮食再生产的可持续发展则是粮食安全发展战略的灵魂。要将这一粮食安全战略指导思想付之于实践，见之于成效就必须以科学发展观统筹全局，坚持理论与实际相结合的实事求是态度，对我国国情、特点以及国际经济、社会发展状况与发展趋势进行科学分析和研究，以利于精心谋划、组织实施，有效落实粮食安全战略任务。

（二）粮食安全战略确立的依据

1. 基本国情

迄今为止，我国仍然是一个资源并不丰富、但却是人口众多的处于发展中的社会主义大国。“中国用世界9%左右的耕地解决了世界20%左右人口的粮食问题，这是对世界粮食安全的重大贡献”① 与此同时，联合国粮农组织的报告指出，在粮食危机和经济危机的共同影响下，2009年全球营养不良人口数目升为10.2亿人，比2008年增加了11%。由此可见，当今世界依然面临着粮食不安全的重大现实问题。这不但警示我们对粮食安全问题始终都必须保持清醒的头脑。同时也进一步向我们敲响警钟，中国作为世界上人口最多的国家，解决粮食安全问题永远只能立足本国、自力更生为主。中国现有人口13.28亿（不含港、澳、台地区），比美国整整多出10亿，且每年出生1600万。因而尽管我国的自然增长率已相对稳定于近年来的5.08‰，由于人口基数太大，至21世纪30年代我国总人口至少也要达到15亿左右。这就必将对我国的粮食安全问题形成很大的潜在压力。这种压力仍然必须立足国内解决。因为世界人口也同样面临着增幅较大的前景。由此可见，一方面我国既不能仰给于将粮食商品作为战略武器来维持霸权的帝国主义国家；另一方面当然也更不能与广大发展中国家争夺国际粮食资源。何况国际粮食市场贸易量就某一时段而言，大体上也就相对稳定于一个有限的区间。如近年来大体稳定于2亿～3亿吨。即便全部供应我国，也只占我国粮食总产量一半或略多。当然，这也是不可能的。作为现时我国最主要的口粮消费品种稻谷而言，则世界粮食市场年贸易量也不过3 000万吨上下，即便全部供应我国，也只是杯水车薪而已。当然，事实上这同样也是不可能的。更何况国际粮食市场由各种经济、政治、军事的因素所决定而处于变动不居的市场风云之中。因而国际粮食市场贸易量的局限性与风云变幻的不确定性决定了我国这样一个人口大国绝对不能主要仰给于国际粮食市场来维系粮食安全。为

① 戴秉国.2009.在意大利举行的八国集团同发展中国家领导人对话会议粮食安全专题会议上的讲话［N］.光明日报，2009-07-11.

今之计，只有立足国内、自力更生，在广开持续、稳定发展粮食生产之路的同时，更加节约地使用粮食资源，再适度进口粮食以保持相对的供求平衡。舍此，并无其他的出路。

2. 粮食安全战略抉择的国内市场因素

（1）生产供给潜力。

①可耕地潜力。据全国土地利用变更调查，截止到 2005 年底，全国耕地面积为183 124万亩[①]。由于实行最严格的耕地保护制度，设定 18 亿亩耕地红线。规划期内必须确保基本农田数量不减少，质量有提高。必不可少的耕地是粮食生产供给最基本的前提条件。因此，不但 18 亿亩基本农田要从法律高度实行最严格的保护制度，而且对 18 亿亩基本农田之外的耕地也应当实行最严格的保护制度，在此前提下实行最严格的非农用地制度。与此同时，一方面应进一步加大补充耕地的力度。除严格执行建设占用耕地补偿制度外，也要大力加强农村土地整理以有效增加耕地面积，提高耕地质量。还要积极开展工矿废弃地复垦。此外，也要适度开发宜耕后备土地，包括沿海滩涂开发。据《全国土地利用总体规划纲要（2006—2020 年)》披露，自 1997—2005 年，全国累计补充耕地3 414万亩，年均补充耕地 379 万亩。另一方面，则将进一步强化耕地质量建设，特别是要加大中低产田改造力度，大力开展农田水利建设和水土保持工程建设。只要坚持不懈地实行最严格的耕地保护制度，不仅能够守住 18 亿亩耕地红线不被突破，而且也可以通过各种积极有效的途径实现占补平衡，并进而有效增加耕地面积。

②科技发展潜力。从理论上而言，科技兴粮的潜力是无穷的。从实践上而言，以发展适用农业科技助推粮食生产持续稳定发展的潜力是巨大的。据农业部副部长陈晓华透露，现今科技对农业的贡献率已经达到 50%（《光明日报》2009 年 9 月 26 日、8 月 30 日、2008 年 10 月 9 日）。对粮食科技而言，有“绿色革命”之称的优良品种选育、培育的发展依然方兴未艾。我国除了处于世界领先水平的以“绿色革命”旗手袁隆平为代表的湖南杂交水稻培育的辉煌业绩以外，全国各地发挥各自优势特长所培育、选育的优良品种

① 国土资源部 . 2008. 全国土地利用总体规划纲要（2006—2020 年）[N] . 光明日报，2008-10.

也不胜枚举。近期如武汉大学朱英国教授科研团队培育的红莲型中稻新品种“珞优 8 号”已通过农业部评审验收，成为全国第三批示范推广的“超级稻”品种。据报道“珞优 8 号”实收产量普遍在 700～800 千克/亩，最高亩产达 896 千克。比普通中稻产量要高出 100～200 千克。该品种具有良好的抗病、抗高温、抗倒伏品性，其消费适口性亦较好。是当前比较理想的中稻品种，仅 2009 年在越南的种子销量就突破了1 000吨。又如中国农业科技东北创新中心结合吉林自然环境条件培育成功的超级粳稻品种就成为吉林“天下粮仓”的有力支柱（《光明日报》2008 年 10 月 9 日、2009 年 9 月 26 日、2009 年 8 月 30 日）。此外推广采用先进的栽培技术模式，增加复种指数，综合运用合理密植、优化施肥结构、加强水肥管理以及对病虫害的科学防治等都发挥了农业适用科技的巨大威力，对粮食生产持续稳定的增长具有不可限量的促进作用。例如辽宁省盘锦双馥隆农业科技研究有限公司培育出的北方双季稻品种，亩产量可达 600～700 千克。又如辽宁沈阳金麦农业科技有限公司培育成功超早熟小麦和水稻新品种可用于在北方地区种植麦、稻一年两熟（《光明日报》2008 年 11 月 24 日、2009 年 8 月 20 日）。这就为在北方地区扩大复种指数创造了前提条件。农业机械制造技术的现代化发展，也从粮食生产科技手段发展方面，有力地促进粮食生产持续稳定的发展。特别需要强调指出的是，现代粮食生产已经突破了单纯“以粮为纲”，就粮食抓粮食的僵化模式而开始进入农业资源配置力求科学合理，农业生态环境也开始得到修复与悉心保护，粮食综合生产能力逐步有所提高的科学发展途径。从而为改造、改良盐碱地和各种类型的中低产田以及整理、复垦、合理开发利用后备土地资源营造了一个逐步趋向于和谐协调的发展态势。

③政策支持发展潜力。新中国成立 60 年来，党和国家历来强调发展粮食生产，维护粮食市场的相对稳定。特别是改革开放 30 年以来，更是全面推进国家粮食安全工程建设，使粮食生产得到了前所未有的发展。粮食总产量自 1949 年的1 132亿千克增长到 2008 年的5 285亿千克，实现了粮食供求的相对平衡，使国家粮食安全基本上得到有效保障。为了进一步提高国家粮食安全保障水平。中共中央于 2008 年 10 月 12 日作出了关于推进农村改革发展若干重大问题的决定，强调指出要在当前国际形势继续发生深刻变化，我国改革发展进入关键阶段时，抓住和用好重要战略机遇期，加强农业基

础，扶持农村发展，加快农民增收。开创中国特色农业现代化，建设社会主义新农村，为全面建设小康社会夯实基础。为此，必须坚持工业反哺农业，城市支持农村和“多予、少取、放活”的方针政策，使“三农”问题得到全面改善，从根本上推动农村经济社会的较快发展，使粮食生产能够步入持续、稳定发展的良性轨道上来。因而党中央要求“始终把解决好十几亿人口吃饭问题作为治邦安国的头等大事”。要“把发展粮食生产放在现代农业建设的首位”。“加快构建供给稳定、储备充足、调控有力、运转高效的粮食安全保障体系。”紧接着中共中央、国务院关于2009年促进农业稳定发展，农民持续增收的若干意见，即中央1号文件，再次要求把保持农业农村经济平稳较快发展作为首要任务，围绕稳粮、增收、强基础、重民生，进一步强化惠农政策，增强科技支撑，加大投入力度，优化产业结构，推进改革创新，千方百计保证国家粮食安全和主要农产品有效供给，千方百计促进农民收入持续增长。温家宝总理在第十一届全国人大二次会议上关于农业所提出的第一件要重点抓好的大事就是要稳定发展粮食生产。政府要抓好的决心就集中体现在一系列调动农民种粮积极性的惠农政策上。惠农政策的核心在于财政支农。国家将筹划财政资金作为建立基本农田建设集中投入制度的导引资金和基本财力保障。在此前提下多层次、多渠道筹集资金与农业综合开发、耕地质量建设，主要是提升约占基本农田2/3的中低产田质量水平以及大中型农田水利基本建设和农田林网建设等相结合，统一规划、配套实施。与此同时，坚持实行对种粮农民直接补贴以及良种补贴、农资综合补贴、农机具购买补贴等惠农效果明显的“四补贴”政策，而且进一步提高补贴标准，扩大补贴品种和范围。如扩大油菜和大豆良种补贴范围和扩大马铃薯原种生产补贴规模，扩大补贴机具种类，完善补贴动态调整机制。2008年中央财政用于“三农”的支出多达近6 000亿元，同比增长38%。其中水利投资达655多亿元（《光明日报》，2009年2月8日）。如果加上省级水利建设投资512亿元，则2008年中央和省二级财政共投入水利建设资金1 167亿元。按照中央制定的扩大投入范围、加大投入力度的原则，2009年政府对“三农”的财政支出自然将会有较大幅度的增长。国家在2009年较大幅度提高粮食最低收购价的基础上，2010年再适当提高最低收购价水平。这与其他惠农政策一起形成强大的聚合效应，有效改善了粮食生产的经济收益，对于保护农民的种粮积极性必将起到特有的功效。除了财政支持政策的进一步加强，同时还要强化农村政策性金融的服务能力。2009 年中央 1 号文件明确指出：要“抓紧出台对涉农贷款定向实行税收减免和费用补贴，政策性金融对农业中长期信贷支持，农民专业合作社开展信用合作试点的具体办法。”尤其令人鼓舞的是，中央明确提出财政和政策性金融向农业保险领域延伸：“加快发展政策性农业保险，扩大试点范围，增加险种，加大中央财政对中西部地区保费补贴力度，加快建立农业再保险体系和财政支持的巨灾风险分散机制，鼓励在农村发展互助合作保险和商业保险业务。探索建立农村信贷与农业保险相结合的银保互动机制”。这种政策性金融服务能力，方式方法的创新，必将对持续稳定发展粮食生产起到巨大的促进作用，产生深远的历史性影响。实践证明，改革开放 30 年以来，政策性支持是对粮食生产发展最大的支持，当然也是收效最为明显的支持。粮食生产的波动也往往与粮食支持政策的变动相耦合。因此，长期性政策支持所释放出来的长期性动能，必将成为保障国家粮食安全中头等重要的基础性支柱，其导向性、主导性、保障性的积极功效是无可限量的。

（2）节约粮食资源的潜力。

①生产、流通过程中减少损耗的潜力。粮食再生产的一大特点是自然再生产与经济再生产交织在一起，这一复杂的再生产过程是非常容易引起生产、流通过程中的经营性损耗。由于不同研究者研究角度以及计算方法上的差异，粮食生产与流通过程中的损耗率也有 8%到 15%左右的多个结果。为了说明问题，可取 10%这一略低于中位的损耗率。以 2008 年总产量5 285亿千克而论，则损耗就高达 528.5 亿公斤。如果千方百计降低损耗则因此而增加的供给乃是相当可观的。从损耗中抢救粮食确是从“无形粮田”中收获粮食。为此，培育、选育抗病虫害、抗倒伏、抗旱、抗涝的优良品种乃是在粮食生产领域减少损耗的基础性工程。例如中国农科院油料所王汉中研究员带领育种团队培育出的中双 11 号油菜品种具有强抗裂角、高抗倒伏、株高中等偏矮的特点，从而有效克服机械化收获时常因易裂角导致油菜子的高损失率（《光明日报》，2009 年 7 月 11 日）。又如在粮食加工过程中采用科学的“吃干榨净”工艺流程，也是大力开发“无形粮田”的一条现实途经。譬如在稻米加工过程中产生的占稻谷重量 8%的米糠含油量达 16%，因而可提炼

营养价值相当高的米糠食用油。如果全国每年生产的2亿吨左右稻谷在加工过程中都能从米糠中精炼食用油，这又等于是开垦了千万亩的“无形粮田”。由此可见，在粮食生产流通过程中存在着数量巨大的“无形粮田”。科学合理开发“无形粮田”无疑也是有效增加粮食供给的一条现实途经。

②粮食消费领域中的节约潜力。在粮食供求紧平衡的总态势下，国家千方百计加大宏观调控的力度以尽可能维系粮食市场的相对稳定从而有效地保障了粮食消费市场的繁荣。与此同时，不爱惜粮食，肆意浪费甚至糟蹋粮食的现象也在不知不觉之中演变成某些大煞风景的“时尚”。餐桌上的浪费可谓触目惊心。应有的节约粮食的舆论宣传也往往被不恰当地认为是过了时的老调。有鉴于此，应当从法律高度禁止浪费粮食，与此相应地应当由上而下用制度来规范粮食消费。尤为重要的是，也应当从娃娃抓起，从小养成爱惜粮食、节约粮食的好习惯，以利于从根本上形成爱粮、节粮的良好社会风尚。这也是中华民族源远流长的优良传统。这一优良社会风尚的形成，将会给我们带来巨大的社会经济价值和深远的历史意义。我国现在人口13.28亿(不含港、澳、台)，如果平均每人每月节约0.5千克粮食，则全国每月可节约6.64亿千克粮食，全年也就可节约80亿千克粮食，也即800万吨粮食。这是有效减轻供给压力，从而有利于粮食供求相对平衡的积极因素。由此可见，节约粮食消费的潜力也是巨大的，同样也是一块不可轻视的“无形粮田”。

由上述可见，我国的国情决定了我国的粮食安全战略指导思想必然是以自力更生为主而以国际市场调节为辅。同时，我国也有立足国内基本解决粮食供给的潜力。因此，这一战略指导思想是符合国内外客观情况的切实可行的正确指导思想。

(三) 国家粮食安全战略目标

国家粮食安全战备目标是经济、社会发展战略目标中不可或缺的重要内容。因为经济发展、社会昌盛、民生繁荣都离不开一个良好的粮食安全局势。国家粮食安全战略目标在客观上又必然是具有阶段性的由低层级向高层级推进的梯度发展战略。即由粮食数量安全保障推进到粮食品种质量安全保障，再到粮食消费营养化、有机化等更高粮食消费需求安全保障。因为粮食安全战略目标是与经济社会发展的程度相适应的，是经济、社会发展的相应阶段的客观要求。我国的粮食安全战略目标在改革开放初期，依然只能是在低层级粮食安全战略目标上，进一步扩大对农民的粮食安全保障。也即打破不吃进口粮的教条，自党的十一届三中全会以后连续三年每年进口 1500 万吨粮食，用以调减征购基数，减轻种粮负担，给农民以休养生息。从而使得粮食安全战略目标不仅保障城镇人口的基本粮食消费数量需求，也有效保障农村人口的粮食消费数量需求。随着改革开放战略的进一步发展，我国的粮食生产步入了史无前例的大发展时期，详见表 5-1。

表 5-1 1978—1984 年我国粮食生产增长情况

单位：万吨

年份	1978	1979	1980	1981	1982	1983	1984
产量	30 477	33 212	32 056	32 502	35 450	38 728	40 731
增长率（%）	—	8.97	−3.48	1.39	9.07	9.25	5.17

自 1982—1984 年连续三年粮食生产的大幅度增长，使一直处于供不应求的粮食市场大为改观。“卖粮难”这一丰收的烦恼不仅暴露了粮食流通设施的落后，同时也从另一个侧面揭示了粮食安全问题的异常复杂性，当然也昭示了粮食安全战略内涵的丰富性，也即不同时代的客观实际状况决定了不同时代粮食安全战略的时代特征。粮食安全战略内涵随着经济、社会的不断发展而得到相应的充实和调整，其保障的范围与深度也不断扩充和延伸。时至今日，我国的粮食安全战略目标不仅要在数量上保障日益增长的需求，而且要在品种规格质量上不断满足愈益提高的粮食消费需求。具体而言，应当通过一系列经济杠杆、行政干预和法律规范实施有效的宏观调控以确保我国消费所需的粮食自给率相对稳定于 95%上下。这是我国粮食安全战略的基准点，一切都应当围绕这一个基准点展开有效的战略步骤。这一基准点界定了我国这样一个 13 亿人口之多，且处于不断增长之中的发展中的社会主义大国实施粮食安全战略的特点和必由之路。我国只能靠自己来养活自己，也唯有立足于此，我国的粮食安全战略才具有战略指导的科学价值。之所以要突出粮食自给率这一战略指标，全在于要突出粮食综合生产能力这一粮食安全的物质基础，这是实现粮食再生产和谐统一的现实平台。舍此，则安全也就无从谈起。因此，我国的粮食安全战略目标无疑应当聚焦于科学合理的粮

食自给率上。

(四) 国家粮食安全战略重点

不同时期的国家粮食安全战略重点在客观上也必然会有所不同，而具有相应时期特点的战略侧重点。在新中国成立初期，粮食综合生产能力极低，粮食供求矛盾异常尖锐。国家粮食安全战略重点在尽可能恢复粮食生产的同时，努力稳定粮食市场，主要是城镇市场，特别是京、津、沪以及东南沿海城市粮食市场。这就要把极为有限的粮食资源用于保障城镇人口最基本的粮食需求，其战略重点也只能是国家垄断粮食的初次分配和再分配。体现这一战略重点的战略措施——粮食统购统销也就相应登台亮相，并在计划体制下延续了 40 年之久。粮食统购统销重心落脚于购和销，也即落脚于流通领域。粮食统购的实质，一是国家通过垄断收购而掌握必不可少的基本粮食资源用以保障军需民食，主要是军需用粮供应和城镇居民口粮供应。二是在农业税之外，又通过统购这一低价形式向农民再次征收粮食生产剩余价值（在征收过头粮时还包括一部分粮食生产必要价值）作为国家工业化初始阶段所需原始积累的一个重要来源。我们将农民在粮食统购价这一低价形式下所贡献的价值称之为“隐蔽税”。粮食统销的实质和统购一样乃是国家通过指令性计划和行政手段限制价值规律作用的范围和程度，也即保持较低的统销价，即便在逐步提高统购价的同时，依然稳定粮食统销价以实现安定民生，主要是城镇民生的目标。由此形成的粮食统购价与统销价倒挂的经营性亏损由财政予以补贴，这当然是限制客观经济规律作用的程度和范围所必须要付出的代价。

党的十一届三中全会以来，实施改革开放 30 年中，国家粮食安全战略重点也开始从粮食流通领域转向生产领域。展示这一战略重点转移的标志莫过于财政支持由粮食流通领域向生产领域倾斜。并且随着改革开放业绩日新月异的发展壮大，国家财力相应增强，工业反哺农业、城市支持农村的力度愈益加强。自 1979 年开始，为了较大幅度调减粮食统购基数，给农民以休养生息。国家毅然决定冲破不吃进口粮的教条，在当时外汇储备极为有限的情况下，连续三年每年进口1 500万吨粮食，弥补因调减粮食征购基数和粮食消费需求随人口增长而增长的供求缺口。在调减粮食统购基数的同时实施超购加价，议购、优惠供应化肥、农药、薄膜等农用物资以及信贷优惠等一系列保护农民种粮积极性的政策措施。

进入21世纪以来，特别自2004年以来，连续6年6个中央1号文件，吹响了全面反哺农业的进军号。“多予、少取、放活”的方针政策，使国家粮食安全战略重心进一步向粮食生产环节倾斜。自2004年试点到2006年全面取消农业税的伟大壮举，在给农民减负上实现了历史性的突破。同时实行的粮食直补、良种补贴、农机具购置补贴和农资综合补贴政策则初步形成了粮食专项补贴机制。对稻谷、小麦、玉米、大豆、油菜、马铃薯等主要粮油品种先后实施最低收购价保护政策。尤为重要的是进一步加大了对粮食和农业的投入力度，并开始建立稳定增长的粮食生产投入机制。由此开始从根本上改善了粮食生产发展的政策环境和资源利用条件，初步建立了粮食安全政策支持体系。粮食生产也创造了自2004年开始连续5年增产的奇迹。2008年粮食总产达到创纪录的5.285亿千克。反哺农业和粮食商品生产的伟大实践，是改革开放30年以来国家粮食安全战略重点转移的生动写照，从而也是最富时代特征的一个亮点所在。当然，财政对粮食生产的支持力度取决于国民经济的发展程度与财政收入必要的增长速度和相应的规模。也即只有在改革开放战略结出丰硕经济之果的前提下，才使得持续稳定反哺粮食和农业具有现实可能性。

时至今日，财政补贴机制由粮食流通领域向生产领域倾斜的趋势方兴未艾，这是全面建设小康社会的必由之路。但另一方面在粮食流通领域所暴露出来的问题也不少，这同样也是国家粮食安全战略应当而且必须要解决的一个重大战略问题。迄今为止，粮食流通体制改革仍有待于深化，社会主义粮食市场经济体制还有待于不断地发展和完善。而深化改革和发展与完善的过程，就是不断发现问题，解决问题的过程。这也是粮食流通安全战略的题中应有之义。在粮食再生产所包含的生产、流通、消费诸环节在客观上是一个辩证统一的过程。生产是决定性的环节，粮食生产安全是整个国家粮食安全战略的基础环节，是起决定性作用的首要环节。在生产已定的前提下，流通环节作为粮食生产与消费的中介又起着至关重要的衔接作用。也即流通的顺畅与否不仅直接影响消费环节，而且也反作用于生产环节。在一定的条件下，如流通严重阻滞，则流通对生产也能在一定时间和空间产生决定性的影响作用。因此，国家粮食安全必然是粮食生产安全与粮食流通安全、消费安全的辩证统一过程。主要乃是粮食生产安全与粮食流通安全的辩证统一。由此可见，在全面建设小康社会的今天，国家粮食安全战略重点理所当然地应侧重于城乡统筹兼顾，致力于粮食生产与粮食流通的和谐统一，这是21世纪新时期、新机遇期我国粮食安全战略发展的必然趋势。

二、粮食安全体制选择

（一）中国特色粮食安全体制

1. 保障粮食安全是政府职责所在

实践反复证明，保障粮食安全是民生安宁、社会稳定所必不可少的前提条件。因而粮食安全彰显的公益性、基础性战略地位决定了政府必须履行其保障粮食安全的社会公共职能。由此决定了中国特色粮食安全体制是建立于中国社会主义粮食市场经济体制基础之上的由政府主导、市场运作、宏观调控，保障国家粮食安全的中央与地方政府首长分工负责的协同体制。这一体制的特色在于一是可以调动中央与地方二个积极性通力合作，举全国之力确保国家粮食安全；二是在粮食安全框架内尽可能引进、利用市场机制，尽可能科学、合理地配置粮食资源，从而尽可能降低粮食安全成本，尽可能节约使用财政资金。由此也决定了代行政府保障粮食安全职能的粮食部门（包括各级粮食行政管理机构和国有独资或国有控股粮食企业）的特殊性。就各级粮食行政管理机构而言，不折不扣、认真落实党和国家对粮食市场的宏观调控目标，乃是其作为政府具体办事机构的天则。而对粮食市场实施宏观调控的实质同样是要将价值规律对粮食市场作用的范围和程度限定在政府既定的、也是经济、社会发展客观上所要求的目标。为此，政府就必须要掌握相当规模的储备粮和相应的物流设施以及必要的加工能力以及相应的批发和零售市场服务设施，作为对粮食市场实施有效宏观调控的物质手段和载体。当市场上粮食供给充裕程度有可能要酿成“谷贱伤农”的消极后果时，就可以用高于市价的最低收购价对农民出售的粮食实施保护性收购。当市场粮价上涨速度过快、涨幅过大，有可能危及市场稳定时，则可以略低于市价的合理价格抛售储备粮以有效平抑粮价，稳定市场，保障民生安宁。由此可见，粮食行政管理机构的特殊性就在于其一身而二任。既对粮食市场实施行政管理和监督、同时也要牢牢掌握调控的物质手段。其所掌握的国有独资和国有控股粮食企业同样具有政策性业务和经营性业务集于一身的二重性。当然，在二者发生冲突时，经营性业务必须无条件地服从政策性业务。由此而发生的亏损由财政予以弥补。因此，粮食行政管理机构与一般行政管理机构相比较而言，其特殊性就在于既无必要、也不可能政企彻底分家，除非弃粮食安全于不顾。粮食行政管理机构、特别是基层粮食行政管理机构只能在粮食安全框架内适度政企分家。与此相应，国有独资或控股粮食企业同样既无必要、也不可能完全市场化，而只能在粮食安全框架内适度市场化。这是由国家粮食安全这一社会公共利益所决定的。

2. 维护粮食安全的必要支出属于公共财政范畴

如前所述，国家粮食安全属于经济、社会发展所必需的公共利益范畴。保障粮食安全是政府维护公共利益的题中应有之义。改革开放的30年以来，国家财政保障粮食生产安全的支出与日俱增，成效也是有目共睹的。在保障粮食流通安全方面，尽管财政支持政策侧重于生产领域，但由于国家综合实力随改革开放成效的增长而日臻强盛，财政收入也接连翻番而达到2008年的6万亿元之巨。因而国家财政用于保障粮食流通安全的绝对值并未减少，相反也呈上升趋势。但其使用方向却过于集中于粮食储备以及相应的物流基础设施方面，而过分收缩了粮食流通中必不可少的对加工和零售方面的财力支持。尤其是中央财政支持除对各省、自治区、直辖市的粮食风险基金匹配外，主要就集中支持了中国储备粮管理总公司和中粮集团公司等大企业集团。有重点地支持大企业集团本无可厚非，但对于粮食流通安全内在的重要载体——购销网络服务体系却未能得到相应的发展。实践证明，没有与时俱进的现代粮食购销网络服务体系，则储备粮功能的发挥就会有相当大的局限性。因此，大力扶持和推进现代化粮食购销网络服务体系建设，对于健全保障粮食流通安全的调控体系，创新粮食流通安全长效保障机制就具有重要的现实意义。对此应有的财力支持，无疑同样属于公共财政支出的范畴。当然，对于财政补贴资金的运用必须尽可能提高使用效益，力求少花钱，多办事。这就要求在粮食安全框架内精打细算，节约使用财政资金。实践证明，节约使用财政资金，降低粮食流通安全成本的一个核心问题是必须明确：作为在流通领域里维护国家粮食安全的主要物质基础——国家专项储备粮的规模应当适宜。一般而言，专项粮食储备是一种战略储备，是整个粮食安全保障体系中的重要支柱。其作用是备不时之需，故实际常常是备而不用或较少动用。因此，专项储备粮应相对充裕，但也并非多多益善。而应当本着“四两拨千斤”的机理来核定专项储备粮规模的适宜度。因为专项粮食储备是在必要时能够起到宏观调控的杠杆作用，实施关键性的吞吐调节，而非对全社会的粮食消费包揽无遗。国家专项粮食储备是与周转粮食储备有别的、从战略高度应付突发事变和灾害的储备。所以周转性储备是国家粮食安全的第一道屏障。而专项粮食储备则是更具有国家粮食安全战略价值的第二道屏障。因而核定相对适宜的专项储备粮规模在实际工作中既十分重要，也十分复杂。联合国粮农组织认为世界粮食库存应不低于年消费量的17%～18%这一最低安全系数。其中5%～6%为缓冲储备库存，也即相当于我国的专项粮食储备。12%为周转储备库存。若世界粮食库存低于17%，即被视为粮食形势处于不安全的状态。如低于14%，则被视为粮食安全处于紧急状态。迄今为止，联合国粮农组织这一表述在世界上具有最广泛的影响，也确实具有相当的合理性。其5%～6%的缓冲储备库存原则上可成为我国专项粮食储备规模适宜度的参照指标。

此外，决定储备粮规模适宜度的问题，还必须考虑到储备粮存在的基本职能——适时吞吐以平抑市场粮价、安定和繁荣民生。即丰年多储，平年少储或不储，灾歉年份则要开仓赈济和平价售粮。因此，适应于客观要求的储备粮吞、吐规模在事实上又不断调整着专项储备粮的适宜度。由此可见，专项储备粮适宜度是一个富有弹性的变量，在实际工作中完全应当也可以根据客观实际情况的变化而作实事求是的相应调整。而不能拘泥于一定的百分比。

（二）重构粮食流通安全体系

1. 加强和完善粮食行政管理机构

（1）现行粮食行政管理机构的局限性。

①缺乏施政权威。由于粮食流通安全涉及粮食生产者、经营者、消费者之间以及中央和地方、地方各级之间上下左右、方方面面的财政经济利益关系。因而保障粮食流通安全是一个复杂多变的系统工程，需要由一个极具权威的行政管理机构统筹全局，实施有效的宏观调控。国家粮食局作为发改委代管的二级局，在客观上难有作为。

②不符合精简机构的改革方向。在国家粮食局之外，又设立了一个全国

性政策性经营公司——中国储备粮管理总公司，形同第二个国家粮食局。从财政角度而论，这是一个并不省钱的体制。依据这一模式，省、自治区、直辖市粮食行政管理机构也相应裂变为粮食局和粮食集团公司。如此政出多门，难达政通人和，实在不符合精简机构的改革方向。

③削弱了粮食流通安全的前沿阵地。由于过多地收缩裁撤基层一线的粮食购销网点，特别是近乎全数卖光了城镇国有销售网点，又在粮油加工环节推行全盘民营化，由此都从根本上削弱了粮食流通安全的前沿阵地，也相应地弱化了基层粮食行政管理部门，特别是城区粮食行政管理机构或被悄悄裁撤，或是形同虚设。万一粮食市场出现较大的风波，实在不知他们将何以应对?

（2）组建中央和省级粮食流通安全委员会的改革建议。

①施政权威性。应当本着强化机构、提升调控职能的宗旨组建具有施政权威的国家粮食流通安全委员会。

省、自治区、直辖市亦应组建能够具体落实米袋子省长负责制的省级粮食流通安全委员会。

②精简效能性。国家粮食局与中储粮管理总公司应合并组建国家粮食流通安全委员会内设业务机构。同理，省级粮食局、粮食集团公司、中储粮分公司也应当合并组建省级粮食流通安全委员会内设业务机构。

内设业务机构以精简效能为准绳可考虑设立以信息服务中心、储备调控中心、外贸协调中心、财务结算中心为主体的精干组织机构。

③基础强固性。省以下应着力于巩固加强基层粮食行政管理机构的施政实力和能力，提升其调控手段和调控水平。在保证完成政策性业务前提下，鼓励他们适度引进市场机制，适度开展多种经营业务，尽可能减少财政补贴。

2. 健全粮食零售市场服务体系

（1）排除“左”、“右”两个方面的干扰。在当前新一轮思想解放大潮中，粮食部门不仅要克服因循守旧、不思进取的“右”的思想干扰，坚定不移地在粮食安全框架内尽可能深化市场取向的体制、机制改革。而且也要以更清醒的理论胆识和更宏大的改革魄力，理直气壮地排除种种不切实际的“左”的思想干扰，努力实践科学发展观，毫不动摇地从保障粮食流通安全的战略高度出发，在深化粮食流通体制改革方向的根本问题上求真务实，作出符合客观实际的路径选择。因而当务之急是要实实在在地奉行科学发展观，把握粮食流通安全脉络，果断排除粮食部门也必须要政企彻底分家、粮食流通也一定要完全市场化一类似是而非的“左”的思想干扰。实践反复证明，粮食行政管理部门、特别是基层粮食行政管理部门既无必要、也不可能政企彻底分家，除非弃粮食安全于不顾。因而只能在粮食流通安全框架内适度政企分家并适度引进市场机制，改进经营管理以形成政府得心应手的调控载体。

（2）坚持对粮食市场实施宏观调控。粮食流通领域中所有企业均有逐利冲动，这是企业之所以为企业的基本特征之一。但从粮食流通安全大局而论，这种逐利冲动必须被控制在经济社会发展所容许的合理界限。这种控制力当然不可能由市场内生，而必然要借助于政府干预。也即市场的缺陷不可能指望市场自身修补，而应由政府实施宏观调控予以校正以实现粮食流通安全。这是政府责无旁贷的社会公共职能。

（3）构建国有粮食零售市场服务网络。有鉴于政府对粮食零售市场应有的导向主动权，由于缺失国有粮食零售网点这一物质载体而流于纸上谈兵这一严峻事实，就迫切需要着力构建国有粮食零售市场服务网络。网络核心在于要打造一批规划有序、布局合理、交通便利、规模较大、条件较好、设备先进、营销功能较强的国有或国有控股中心粮油店，实行连锁经营。新型中心粮油店应以国有或国有控股为主要投资形式，通过新建、改建、扩建或与超市、大卖场合股组建。当前应由市、区、县国有粮食集团公司负责组建中心粮油店连锁经营网络，并负责配送业务和政策性业务的财政补贴款项结算、划转、分配事务。国有中心粮油店承担的政策性业务还可包括社会保障体系中向弱势群体无偿提供或以优惠价格供应的粮油食品等基本生活资料。此外，中心粮油店也可因地、因人、因时制宜开展多种经营业务以增加经营收入，当然以不冲击主营业务为前提条件。

（三）创新粮食流通安全长效保障机制

1. 信息服务机制创新

日新月异的信息科学技术进步为信息服务功能创新提供了无比广阔的发展空间。在粮食流通安全信息服务领域内，不仅要拓展服务范围，而且要在有效信息集成的基础上创新服务机制。作为粮食流通安全委员会的信息服务中心，首先，自然要竭尽全力提供粮食流通安全信息服务，为政府对粮食市场的宏观调控提供有科学价值的信息依据，同时也为粮食流通企业改善经营管理、提高决策科学性提供有参考价值的有效信息集成服务。其次，也应向粮食生产与消费领域延伸，为粮食生产、消费安全提供卓有成效的有效信息集成服务。当然，信息服务的内在要求是有效信息集成的互通互动服务。由此也决定了与粮食现货、期货市场以及农业、气象、统计等部门的信息互通互动服务。而有序拓展信息互通互动服务的范围和程度这一事件本身也就是创新信息服务机制。第三，粮食流通安全信息服务机制创新最终要落实于对粮食供需、粮食市场价格信息的监测和预报，给出粮食供求变动以及市场粮食价格变动的基本趋势，为政府宏观调控提供有价值的决策依据，并在一定程度上起到合理引导生产和消费的积极作用。

2. 储备调控机制创新

专项储备粮是备不时之需的应急性储备，这是不同于一般周转储备的政府应急储粮。因此，专项储备粮是粮食安全的命脉所在。专储粮的应急功能决定了其流动性不足甚至过少的特征。由此而陷入了一个两难的选择，一方面作为无荒无乱不用、无战不动的专项储备粮，承储单位只有保管之责、而无动用之权。轮换也就成为奉命行事的刻板之举。另一方面，财政资金定格在专项储备粮上，往往新粮存旧、活粮储死。一切由财政包揽，谈不上储粮经济效益，这当然有悖于市场经济发展的大趋势。事实上，这种进退维谷的两难处境本身就是创新的契机和突破口。首先，要突破非此即彼的思维定式，谋求应急储备功能与物流经济效益的融会贯通，实现对立统一的发展思路。也即专项储备粮也应适度与加工转化、生产销售结合起来。实践证明，库市结合可以拓展粮食产业化经营的市场空间，创造出国有粮食购销企业的新天地。由此也有利于深化储备粮管理体制改革，创新储备功能和运作机制，实现较为理想的社会经济效益和企业经营效益。其次，要以市场取向优化储备粮品种结构，双向促进粮食产业链的有序发展。①可以积极参与订单粮食生产，以适销对路的优质粮、油品种作为订单品种，发挥对粮食生产的市场导向作用。②为库市结合创造物质基础，也为国家动用专项储备粮平抑市场粮价时能够提供市场欢迎的优质粮源，以收事半功倍之效。第三，在严格监管的同时适度引进弹性机制，创新专项储备粮监管体制。一个切实可行的过渡性办法是实行专项储备粮动静结合的三、三制。也即在粮食安全保障线以内，结合加工、销售、粮食进出口贸易，激活储备粮市场化运作的动力机制，有效降低储备成本。例如对于一定的粮食储备规模，可形成具有一定保值功能的三、三制储备结构。其中 1/3 必须保质、保量存储于库况最为优良的粮库中。承储库有保管之责，而无架空轮换之权。对另外 1/3 储备粮可考虑实行年度总量控制，在保量保质保值前提下，可结合现货市场交易、实现储备粮低成本轮换更新。为此，可适当允许架空轮换，一般不得超过三个月。余下 1/3 储备粮可考虑以市价折算的等额资金参与粮食期货市场的套期保值运作。当然，应当采取必要措施确保承储企业有必备的条件和经营水平、管理能力从事粮食期货市场的套期保值业务。储备粮运作机制的改善，有利于储备粮在屏障粮食安全的框架内更好地与市场接轨，从而能够更好地服务于政府对粮食市场、特别是粮食零售市场的宏观调控。

3. 外贸调节机制创新

对于我国这样一个拥有 13 亿多人口，处于发展中的社会主义大国而言，保障粮食安全，稳定粮食市场的基本方针无疑应当永远坚定不移地立足国内，以自力更生为主。与此同时，充分利用国际粮食市场资源作为平衡国内粮食供求的补充渠道也是不容置疑的明智选择。但是由于国际粮食市场的不确定性复杂而多变，再加上国内对粮食进出口贸易缺乏一个强有力的调控中心，难以发挥从长计议，统筹安排，未雨绸缪、高效灵活的应急作用。因而粮食进出口贸易往往也容易对国内粮食市场产生逆向调节的消极作用。这也是长期困扰着我们的一个老问题了。因此，建立一个统一有序的粮食进出口贸易调控中心，创新粮食外贸调节机制确是统筹调控国内外两个市场、两种资源的客观需要。从而一方面可以面向国际粮食市场，适时、适量利用国际粮食资源平衡国内粮食供求。另一方面也可把中央与地方的专项储备粮统一纳入粮食进出口调控之中。也惟其如此，才有望使储备粮真正在一定程度上有所保值，乃至在一定时间和条件下有所升值。这是有效降低粮食安全成本的可行之途。粮食流通安全委员会中的外贸协调中心就有可能也应当成为这样一个统一有序的粮食进出口贸易调控中心。

4. 补贴结算机制创新

为保障粮食流通安全的财政补贴是必须的、合理的。但同时也应在粮食流通安全框架内尽可能节约使用，以尽可能提高财政补贴资金的使用效益，为有效降低粮食安全成本作出积极的贡献。因而可以考虑引进银行信贷管理机制，创新粮食补贴结算机制。例如财务结算中心就可以成为粮食流通安全行政管理系统的内部银行。凡储备粮经营管理过程中应予拨补的财政款项一律采用银行信贷运作机制，也即在核拨财政补贴资金时按政策性利率核减相应的利息，以利于督促使用单位精打细算、勤俭节约，尽可能提高使用效益。待年终决算通过后再据实返还扣拨的利息额。年终决算考核效果好的，除返还扣拨的利息外，还应予以相应的奖励。反之，年终决算考核效果差的，除采取必要的行政措施外，还需在经济上给予必要的处罚，如不予返还部分或全部扣拨利息。

此外，凡粮食流通安全保障运作过程中所需政策性贷款也应由财务结算中心统贷统还并据实按需合理分配使用。对于在保证完成政策性业务基础上，因地因时制宜开展有利、有节的经营性业务所需信贷资金也应由粮食流通安全委员会结算中心向商业银行统贷统还，按所属单位申请所需核定发放商业贷款。并通过内部审计制度实施严格的监管，以期在保护经营积极性的同时，最大限度地防备经营风险。当然由此也必须严格规定除粮食流通安全委员会财务结算中心，所属单位一律不得自行向银行申请贷款。

鉴于现行分灶吃饭的财政体制，除中央与省、自治区、直辖市两级粮食流通安全委员会以外，省以下市、县粮食局的财务结算中心也应采取“内部银行”制度以提升资金使用效益。

三、粮食安全政策选择

（一）以农为本、持续发展粮食生产

1. 切实保护耕地资源，修复农业生态环境

（1）从法律高度保障耕地资源。

①以基本农田保护为核心，严禁非法侵占与毁损耕地。如前所述，必不可少的耕地资源是保障必不可少的粮食供给的基础性前提条件，自然也是屏障粮食安全最最重要的基础性物质条件。更何况耕地资源基本上属于不可再

生资源的范畴。尤其是在东南沿海经济发达地区，历史上素来享有鱼米之乡的美誉，良田沃土的减少是无法在质量上予以复垦的。譬如在江、浙一带的吨粮田，就其粮食综合生产能力而言，一亩吨粮田往往要顶得上中西部地区几亩甚至十几亩中低产田。这种较高的粮食综合生产能力往往是难以在短期内予以“复垦”的。因此，对耕地资源的保护力度永远只能加强而不能有丝毫的马虎与松懈，尤其是在经济发达地区更加如此，因而一定要从法律高度，把非法侵占与毁损耕地作为严重的犯罪行为予以严惩不贷。为此，应从科学发展观的战略视角正确看待18亿亩耕地“红线”不能突破这一至关重要和迫切的现实问题。18亿亩红线固然不能突破，18亿亩以外的耕地同样也不得非法侵占和随意损毁，对后备土地资源同样也必须立法从根本上予以妥善保护。这是关系到持续稳定发展粮食生产和整个经济、社会可持续发展的根本大计。这都应当是基本农田保护的题中应有之义，容不得半点随意性。我们有责任为子孙后代营造可持续发展的有利空间。应当强调指出的是对于征用农用土地改为非农用土地的程序必须纳入法制化范畴，既要保障国家利益，也要充分保障被征地农民的权益。用地指标的核定权限应坚决上收到中央和省二级政府，而不得由省以下各级地方政府层层瓜分。尤其是在经济发达地区一定要收紧这一条红线。一方面对符合用地规定的，要严格法定程序、照章办事，切忌随意性。特别要依法维护失地农民的合法权益。这不但是最严格地保护耕地的客观要求，也是以人为本时代精神的客观要求，当然也是全面建设小康社会的客观要求。首先，必须大幅度提高被占用耕地的价值补偿。为此，应当在坚持占补平衡的原则基础上，科学合理地划定有所差别的占用补偿标准。由此不但保证国家应有的国库收入，而且也能保证失地农民分享全面建设小康社会的发展成果。为此，必须在失地农民应有的价值补偿中既要包含耕地承包经营权的价值，这是属于生产要素价值补偿范畴，也要包含对失地农民的就业补偿价值。这就要求在给予就业安排、提供就业方便的同时提供相应的房产、股权等财产权，以便他们能够获得稳定的财产性收入。如不能提供财产性收入，则应按当地居民的中等收入水平对失地农民按月发放生活费。对于部分失地农民亦应给予相应的部分价值补偿，补偿目标亦应使其达到或接近当地中等生活水平标准。另一方面，对非法侵占和毁损耕地者必须坚决绳之以法。当前可以重点查处以权谋私、违法占用耕地建房筑园为突破口，大张旗鼓地惩治一切违法占用耕地、毁损耕地的犯罪行为，真正把依法护田、依法用田落到实处。

②依法保护农田和水资源不受污染。秉承科学发展观发展粮食和农业生产就必然落实到资源节约型、环境友好型的发展路径上来。在当今的中国，水、土、肥都属于稀缺资源，自然都在节约之列。特别是耕地资源紧缺。2005年全国人均耕地1.4亩，不到世界平均水平的40%。人均水资源只有世界平均水平的1/4。因此，对如此稀缺宝贵的耕地资源和水资源必须依法保护其免受污染。当前一个突出问题是由于产业布局不当，城镇化发展急于求成而造成土地与水资源污染，殃及区域乃至流域生态环境的问题层出不穷。依法防治对农田（包括水域）的污染已经到了刻不容缓的地步。也即不仅要从数量上划出不容突破的红线，也要在耕地质量上划出不容污染的红线。生态环境的修复防护应当列入中央对地方、地方各级之间重要的政绩考核指标。因囿于地方经济利益而导致产业布局不当形成农田污染的应追究地方行政首长的责任。也应把保护农业生态环境的绩效与财政金融支持政策密切挂钩。因此，对各级行政首长，特别是基层行政负责人必须强化依法行政，依法防治农田和水资源污染，违法必究的普法教育，从法律高度确保农田和水资源免遭各种形式的污染破坏。

（2）全方位保护森林、草原和湿地。我国不仅耕地资源稀缺而且在局部地区退化和破坏严重。据全国土地利用总体规划纲要（2006—2020年）所披露的材料可知："2005年全国水土流失面积达35 600万公顷。退化、沙化、碱化草地面积达13 500万公顷。"这就明白昭示我们必须要把全方位保护森林、草原和湿地的历史性任务坚决落到实处，以利于涵养水分，从根本上遏止水土流失，改善农田生态环境。而且生态环境质量问题不仅直接危及粮食生产数量和质量，也直接危及居民生存环境质量，从而也不可避免地要危及整个经济、社会的和谐发展。因此，必须综合运用经济杠杆、行政手段、法律规范对森林、草原和湿地实施最严格的保护。在保护现有森林、草原和湿地的基础上，尽快、尽多、尽好地推进防护林建设和全民植树的绿化工程，坚持和发展科学合理的退耕制度，严格水资源管理，努力实现环境友好型的经济、社会发展目标。

2. 坚持不懈地调动农民种粮积极性

(1) 形成科学合理的粮食价格机制。粮食价格历来是百价之基，粮价的波动牵动着生产者、经营者、消费者的神经，汇聚着中央和地方以及各级政府之间的财政经济利益关系。因此，在社会主义市场经济体制下，在中国特色社会主义理论指导下，以民生为本制定科学合理的价格政策是调动农民种粮积极性的当务之急。为今之计，应在政府宏观调控导引下，适当引入市场机制，以逐步形成科学合理的、动态调节的粮食价格机制。形成这一粮食价格机制的基础在于要努力使粮食商品生产价格成为粮食最低收购价的基准价。也即以粮食商品生产的实际成本价（包括全部物质生产资料价格和种粮农民的活劳动支出），加上社会平均利润。其计算式如下所示：

粮食商品生产价格＝年实际生产成本＋社会平均利润

式中年实际生产成本＝年实际花费的物质生产资料价格＋种粮农民的活劳动支出。

上述计算式中一个最大的难点是社会平均利润的测算。这是一个极其复杂的经济理论问题，在实践中也很难比较准确地予以测定。为此只能采用相对简单的办法予以推定。如可从缩小城乡收入差距，大幅度提高粮食生产经济收益的原则出发，考虑由各省、自治区、直辖市统一测算的城乡居民年户均收入 G 作为推算该省、自治区、直辖市社会平均利润 $\bar{p}$ 的依据。各省、自治区、直辖市再根据本区域的客观实际情况确定粮农户均种粮亩数 y，年平均亩产 z 千克。则每千克粮食的生产价格中应当包含的社会平均利润为

$$\bar{p}=\frac{G}{yz}$$

式中 y 相对稳定，G、z 均为变量，$\bar{p}$ 自然也是变量，也即各年度的平均利润水平是不完全相同的。

由于在实际生活中，粮食商品生产的经济收益在整个农业产业中往往处于谷底深渊，更遑论与其他产业相比较。因而在农村中以种粮收益为主要经济收入的纯粮户至今也难脱贫致富。但如按上述思路一旦以粮食生产价格作为基准价，则现行最低收购价将会有很大的提升幅度，这对种粮农民而言完全是理所当然的。但考虑到广大粮食消费者的承受能力（包括心理承受能力）在现阶段尚有很大的局限性。特别是对于城乡弱势群体而言，高粮价在现阶段是很难为他们所接受的。有鉴于此，粮食最低收购价作为当今粮食市

场的基准价就难于一下子提高到粮食生产价格的水平。依然要循序渐进，踏踏实实地走逐年有所提高的路子。为此，尽可能从价外补贴给予弥补乃是一条逐步提升粮食商品生产经济收益的现实途径。

（2）提高粮食直补标准、完善直补办法。粮食直补与取消农业税一样是极富时代特征的一个亮点，是改革开放之花而结的一个丰硕成果。标志着工业反哺农业，城市支持农村的伟大变革。尽管目前直补标准还不高、数量还有限，但它给予种粮农民一个实实在在的信号，持续稳定发展粮食商品生产乃是党和国家持之以恒的大政方针。实践证明，这一惠农良方在调动农民种粮积极性方面已经发挥出很大的积极作用。因此，要坚持粮食直补，而且标准要逐年有所提高，真正对粮农增加收益起到持续稳定的积极作用。此外，也要通过深入的调查研究，探索完善粮食直补的办法和途径。首先，要名副其实，既然是粮食直补，就一定要补到粮田、粮农头上而不宜漫无边际地撒胡椒面。可考虑在已经实行普惠制的基础上，逐年加大对粮田粮农的补贴力度。由财政部门会同粮食部门实施到位。其次，也应在现金直补的同时，向粮农免费发放优质种子粮，可使粮农免受伪劣种子粮之害。也利于推广优质良种，从根本上保证粮食增产。第三，在国家财力增长的同时，逐步加大以优惠价格向粮农提供优质化肥、农药等农用生产资料。农机具补贴也要更多地向粮农倾斜。第四，免费向粮田提供生产保险。

（3）提升粮食产业化服务水平。实践证明，延长粮食产业链是在社会主义市场经济体制下，加大粮食商品产值，增加粮农经济收入的有效途径。因此，农业、粮食、工商、财政、税务、审计等有关行政管理部门都应当强化对粮食、农业产业化龙头企业的监督管理。除了用经济杠杆引导粮食，农业产业化龙头企业切实为粮农提供应有的优质服务，切实保障粮农分享粮食产业化的成果。也应通过周到、细致的行政服务，避免出现在政府优惠政策扶持下起来的龙头企业把主要的财力和精力转向房地产等高收益行业而忽略了为粮农服务的宗旨。当然，也要进一步扶持那些真心实意为粮农谋利益的粮食产业化龙头企业乘时而上、做大做强。粮食产业化龙头企业做大做强的现实途径一靠政策、二靠科技，而且科技的带动作用将愈益增强，并必将超过政策优惠的促进作用。以科技创新引领粮食产业化龙头企业升级换代，提升对市场的营销渗透力度。当然从根本上而言，这种变革应有赖于企业自身内在的创新图变动力。但由于粮食产业本身的技术含量一直相对偏低，因而粮食产业自身对提升粮食产业化技术含量的冲动相对也偏弱。因此有必要从外部给予必要的鼓励和推动。政府有关部门应组织相关高校与科研院所，有针对性地给予科技创新服务和引导，以利于粮食产业化龙头企业的科技发展和进步。

此外，也应扶持和规范粮食产业化集体经济组织和经纪人。他们往往也就是粮农自己的经济联合体和市场营销代表。他们扎根于粮农，服务于粮农。与粮农协力共赢无疑应当是集体经济组织和经纪人的服务真谛。科技、粮食、商务、供销社、农业等相关部门应对粮食产业化集体经济组织和经纪人提供经常性的科技和市场营销信息咨询服务。财政金融部门则应当从财税政策优惠和融资优惠以及相关咨询等方面给粮食产业化集体经济组织和经纪人提供实实在在的服务。毕竟粮食产业化集体经济组织和经纪人是刚刚破土而出的新生事物，他们所面临的困难与挫折也将是层出不穷的，从而更加值得和需要得到全社会的关怀和扶持。这不仅是建设社会主义新农村的客观要求，也是夯实国家粮食安全工程基础的客观要求，当然也是全面建设小康社会的当务之急。

（4）建立和健全粮农社会福利保障制度。迄今为止，粮食商品生产依然是农业这一个弱质产业中的弱质产业。但却又是人类社会生存和发展不可或缺的前提条件。从事粮食商品生产的粮农是支撑国家粮食安全最具决定性重要意义的基石。在相当长的时期内，他们从事着最具社会安全战略意义的战略物资生产，粮食生产劳动的艰苦程度和强度依然是当今社会数一数二的，但其经济收益水平却依然是当今社会最低的。这种状况的改变依然是一个艰难曲折和漫长的过程。而且由复杂的政治、经济和历史自然条件所决定，粮食商品生产的经济收益要有一个空前巨大的改观，是很难从粮食商品生产自身来实现的。因而在客观上要随着综合国力的不断加强，财力的不断充裕而尽多、尽快地反哺粮食生产、粮农。为今之计，必须尽快建立和健全粮农社会福利和保障制度。而且主要应举全国之力，由各级财政为主对粮农实施养老、医疗保险以及落实对粮农在突遭天灾人祸时的社会救助和必需的社会福利。粮农是最应当、也最需要分享改革开放成果的群体，因而建立健全粮农社会福利保障制度正当其时。

3. 持续稳定加大对农田基本建设的投入力度

(1) 水利。水利是粮食、农业生产的命脉。持续稳定加大对农田水利基本建设的投入，是强本固基涵养国家粮食安全的战略性投资，是公共财政支持的重要方向。自2006—2008年中央水利投资连续三年呈现增长趋势，2008年中央水利投资达655多亿元，年度增幅达87%以上。加上省级水利建设投资512亿元，中央和地方共计投入1 167亿元。其中又主要向农村水利倾斜。当然农田水利建设投资在目前还仍然处于恢复性增长阶段。主要是解决农村人畜饮水安全和病险水库治理以及大型灌区配套建设等水利设施。因此，强化对农田水利建设投入的制度化建设，建立长效投入增长机制是农田水利建设的战略方针，也是屏障粮食安全的重大战略步骤。

(2) 生态环境建设。粮食生产不但需要有相应良好的生态环境，而且粮食生产本身又构成生态环境的一个重要组成部分，如水稻在其灌水期间就能发挥湿地效应。因而生态环境建设，包括水、土、肥等乃是农田基本建设的重要组成部分。2009年中央投资生态环境建设696亿元，体现了新时期农田基本建设的战略投资方向。生态环境特别是农村生态环境建设是需要持之以恒长期坚持的战略发展方向。

(3) 改造中低产田。我国优质耕地只占全部耕地的1/3，大部分为中低产田。因此，在加大生态环境建设的力度，加强对沙化、退化土地防治的基础上，大面积综合治理水土流失，改良盐碱地，采用现代化科学技术手段，有领导、有组织、有步骤地从改造中低产田入手，通过提高耕地优质化率的途径，实现粮食商品生产质的飞跃，乃是从根本上实施粮食安全战略的主攻方向之一，因为逐步将中低产田改造成为优质耕地，也相当于增加可耕地面积。这无疑也是国家粮食安全政策支持的重点。

4. 强化对粮食生产的农业科技服务

农业科技服务网络特别是县以下基层农业科技服务站、点是宣传和推广现代适用农业科技的排头兵，是衔接现代适用农业科技与农业生产实践的纽带，是直接对农民实施现代适用农业科技培训和进行技术指导的前沿阵地。基层农业科技服务站、点这一服务特点，彰显了他们所从事的工作乃是社会主义国家应当承担的公共利益服务的政府职能。他们为粮食生产所做的科技服务工作，对粮食生产持续稳定的发展，必将越来越发挥科技兴粮的推动作用。历史的经验充分证明了这一点。但由于对基层农业科技服务站、点公共服务职能的性质在认识上存在着一些似是而非的糊涂观念，不恰当地为了甩掉财政包袱而对基层农业科技服务站、点也进行了过度的市场化改革，客观上大大削弱了政府在农业生产第一线的公共服务职能。其后果当然不利于农业生产的发展，尤其不利于持续、稳定地发展粮食商品生产。因此，恢复和健全基层农业科技服务网络体系乃是当今我国农业科技服务所面临的最为迫切的重要任务。实践证明，基层农业科技服务质量和成效的高低取决于要有一支思想过硬、技术精湛、作风踏实的基层农业科技工作者队伍。有鉴于此，基层农业科技工作者应当享有公务员待遇，以使他们的工作和身份名副其实。同时也应该本着精干高效的原则，在中央到地方的各级农业行政管理部门实施以精简机构、强化行政服务为核心的改革，以便能够抽调一大批素质好的干部充实基层农业科技服务队伍，这也是我国粮食安全发展战略的客观要求。

5. 着力提高农业机械化水平

农业机械化是农业现代化的必由之路，是大幅度提高农业劳动生产率，扩大经营规模的技术手段。从而也是从粮食生产内部改善粮食生产经济效益，提高农民收入的一条现实途径。当然也是我国城市化发展，农业劳动力有序转移的客观要求。为此，中央财政率先作出了对农民购买农机具实施政策性补贴的惠农措施，这对于农民采用先进适用的农机具耕作起到了重要的推动作用。由于我国农村户均耕地少的基本特点决定了单靠农民自身集资、筹资购买农机具，特别是大型农机具的局限性。从而应当由政府组织引导，财政为主导投资组建布点合理、服务周到、价格低廉的由国有控股的基层农业机械化服务公司。在其日常运行过程中，由财政对其购买农机具、柴油、汽油等生产资料以及对农民的服务收费优惠措施等实行必要的财政补贴。农村政策性银行也应给予政策性融资优惠。也即要通过财政金融保险等政策性保障措施使基层农业机械化服务公司能够实现微利经营的政策性目标。其技术装备的升级换代，经营管理手段的进步，为农服务规模的扩大，水平的提高都需要政策性财政、金融、保险等有关部门的不断扶持。这是农业现代化的客观要求，当然也是国家粮食安全发展战略的客观要求。

6. 食用、饲用资源的综合开发和利用

这是世界各国粮食安全发展战略都会涉及的一个组成部分。鉴于我国人多地少的现实，就更应当把战略眼光从 18.31 亿亩耕地，扩大到 98.55 亿亩农用地乃至 144 亿亩国土，充分发掘其巨大的食用、饲用动植物资源潜力，为我国的粮食安全发展战略构筑又一条更为广阔的防线。自古以来，我国就有种植木本粮油的传统习惯以充实和丰富食物品种和类型。在荒年和灾歉时，木本粮油确实也常常能在相当程度上起到疗饥度荒的积极作用。时至今时，枣、栗、柿等也仍然充实和丰富着我们的食物品种和类型，其特有的营养价值也日益获得人们的青睐。油茶、山核桃等木本油料也仍向我们展示着发展的经济、社会价值。

我国幅员辽阔、地形复杂、自然条件千差万别，生物多样性具有存在和发展的巨大空间。已知的植物多达7 000种以上，其中果品、油脂、蔬菜类即有上千种之多。可供开发利用的食用、饲用植物资源非常丰富。已知的动物也有2 000多种。随着生物科学技术的进步，对自然生态环境多样性保护的卓有成效，对自然规律认知程度的日益加深，可供开发利用的食用、饲用动物资源也将愈益丰富。此外，我国青藏高原江河纵横、湖泊棋布，盛产着各种高原鱼类，也有相当的合理开发利用潜力。我国绵长的海岸线上，沿海科学养殖、近海远洋合理捕捞也都为我们提供着相当巨大的食用、饲用海洋生物资源潜力。由此可见，科学合理地开发利用各类动、植物食用、饲用资源，乃是粮食安全发展战略中一条有价值的补充途径。

（二）协调粮食产销区财政经济利益关系

粮食安全是整个国家安全中极其重要的组成部分，而囿于复杂的财政经济原因，粮食生产经济收益又难以在短期内得到根本的改观。这一客观存在着的矛盾至今仍困扰着我们。从国家粮食安全大局而言，采取积极的措施尽可能协调好粮食产销区之间的财政经济利益关系应当是一条值得探索的现实途径。从中央层面而言，有关粮食问题的中央财政转移支付应当与省级行政区的粮食商品生产贡献密切挂钩，产粮越多、贡献越大，中央对其的财政转移支付相应也越大。省级政府对其区划内下级行政区也应采取财政转移支付与粮食商品生产贡献挂钩的办法。在中央政府组织协调下，省级粮食产销区之间建立以财政经济为纽带的产销协作关系。粮食主销区应当而且必须向产区提供与其粮食输入规模相适应的财政补贴资金，也可以通过与粮食再生产相关的基本建设投资等其他途径实现粮食产销协作的财政经济利益补偿。这是因为粮食产区为粮食销区的粮食市场稳定和民生繁荣作出了重要贡献。省级行政区划内粮食产销区之间亦应在省级政府组织协调下，展开以财政经济为纽带的产销协作关系。为了更好地协调和落实粮食产销区之间的财政经济利益关系，也可以考虑有控制地开征粮食消费税作为中央和地方共享税。总之，粮食产销区协作关系的实质是财政经济利益补偿机制。较好地落实这一利益补偿机制，有利于调动粮食产区政府和粮食生产者、经营者的积极性。也有利于销区政府更加重视本区域内有可能的粮食商品生产。还有利于促使全社会进一步树立爱粮节粮的良好社会风尚。因此，在粮食产销区之间互惠协作基础上，规范粮食产销区之间的粮食流通双赢格局，对国家粮食安全战略就具有十分重要的现实意义。

（三）加速培育现代粮食流通产业

1. 发展以“四散”为导向的现代粮食物流产业

散装、散卸、散运、散储的“四散”化运作标志着现代粮食物流的运行方式，是我国粮食物流多年来追求而未果的夙愿。粮食作为准公共产品决定了粮食物流特别是粮食物流基础设施的公益性。因而由财政引导性资金为核心，筹资建设粮食物流基础设施也就是顺理成章的。在此基础上，以项目带动，发展以“四散”为导向的现代粮食物流产业正是建设现代粮食产业高地的客观要求。由于国有粮食物流企业作为政府对粮食市场实施宏观调控时主要的物质载体，决定了国有粮食物流企业在相当程度上蕴涵着社会公共利益属性。因此，国有或国有控股的粮食物流企业，特别是大中型、特大型骨干粮食物流企业理所当然地应当成为发展以“四散”为导向的现代粮食物流产业主力军。根据我国粮食物流产业现状，主要应从如下两个方面理顺发展思路，展开发展方向：

（1）中央与地方粮食物流企业协同创新。长期以来，特别是改革开放以来。为了屏障粮食安全，中央在全国范围内沿海、沿江（河）、沿线（铁路、公路干线）交通枢纽建设了一批大型和超大型粮食储备库、粮食进出口接转站以及相应的粮食物流基础设施，配置了较为先进的粮食物流机械设备。它们作为区域性乃至全国性的粮食物流枢纽地位是自始就确定了的。问题在于要将应有的粮食物流枢纽功能做大做强，就离不开地方粮食物流体系的配套运作。在强调经济效益的市场经济体制下，这种协同配合功能就显得尤为重要。例如中央储备粮管理总公司下属大型、超大型粮食储备库一般都配备有铁路专用线和先进的粮食物流机械装置以及先进的粮食检验检测设备。但是，在主要是备不时之需的应急性专项粮食储备功能却又在很大程度上使这些专用设施和装备陷于使用率极低的窘境。省级大中型粮食储备库与省以下国有粮食物流企业之间，也有类似的情况。因此，推而广之，不仅中央与地方各级国有粮食物流企业以及地方各级国有粮食物流企业之间，需要通过协同配合以有效提升粮食物流功能层次及社会化服务水平，相应提高物流经济效益与社会经济效益。而且国有与其他所有制粮食物流企业之间，无疑在客观上也要求运作于以经济为纽带，合理配置物流资源，有效发挥协作生产力的多层级、全方位粮食物流网络新体系之中。惟其如此，才能够实现粮食交易结算系统、粮食市场信息综合测报系统、粮食物流设施配套服务系统的现代化、专业化、国际化、科学化、效能化，从而有可能降低市场交易成本，为粮食物流创造一个巨大的利润空间。

（2）规划建设粮食物流园区。当前应把握现代粮食物流产业的发展方向，突出建设重点项目，使有限的财政资金不仅能够集中使用到必不可少的粮食物流基础设施建设上，而且也能够创造出相应的投资空间，调动多元投资主体的积极性。为此，中央与地方均宜从战略高度出发，为屏障粮食安全、发展社会主义粮食市场经济而因地制宜地规划建设区域性、全国性乃至国际性粮食物流园区。所谓粮食物流园区是以粮食物流为主导性基础产业，集粮食仓储运输、货运代理、展示交易、整理配送、检验检测、市场信息等现代物流功能于一体，兼容加工制造，实施综合经营，规模较大、运作规范的粮食物流枢纽中心区。

①规划建设粮食物流园区的合理性。

第一，有利于形成粮食产业化经营的区位优势和新生长点。所谓粮食产业化经营系指在粮食再生产中，对粮食产、供、销实行农、工、商联手经营或进而实行一体化经营，并在此基础上对粮食产业链实施企业内部化经营管理，借以有效降低市场交易费用，增强市场竞争力，使参与主体均能从比较优势的协同发挥中分享尽可能多的经营收益。因而粮食产业化经营顺应了农村经济结构调整和深化粮食流通体制改革的客观要求。为此，国有粮食物流企业应当发挥自身在粮食产业化经营中的龙头导向作用，努力搞好订单粮食生产，以市场适销对路的粮食品种作为订单粮食品种，有效优化储备结构。并在着力打造订单粮食经营体系、服务“三农”的同时，在粮食物流产业服务功能基础上通过有序延伸和扩张，拉长和做大做强粮食物流产业链，为粮食产业化经营提供更加广阔的发展空间。因此，粮食物流企业积极参与粮食产业化经营，着力打造粮食物流产业链，并进而实施粮食物流产业链扩张工程，大幅度提升物流产业经济效益，无疑是粮食物流企业应当精心培育的粮食产业化经营的新生长点。粮食物流园区恰恰为粮食物流功能的聚合与扩张，有序延伸粮食物流产业链，全面提升粮食产业化经营发展水平，提供了无与伦比的区位优势。

第二，有利于国有粮食物流企业经营机制创新。粮食物流园区通过提升粮食物流功能，创新物流组织形态和物流运作机制，吸纳粮食加工企业或与粮食工业园区互为依托，形成粮食产业化经营大市场。从而有利于在优化储备粮品种结构的基础上，通过市场化运作把库存粮的适时轮换与加工、销售、补库整合为动态储备，也即所谓藏粮于市。对储备粮的轮空范围和轮空期适度引进弹性机制的目的是要在正常情况下，尽可能在粮食安全保障线以内，结合加工、销售、粮食进出口贸易来激活储备粮市场化运行的动力机制，以便在无损于粮食安全的前提下，摒弃新粮储陈的僵化体制，有效降低储备成本，这无疑是深化改革的核心所在。

第三，顺应国际粮食贸易的发展趋势。国际粮食贸易中一个值得注意的倾向是国际粮食物流规模日益扩大，5 万～10 万吨级的货轮愈来愈受到粮食物流业界以及供需双方的青睐。相对而言，粮食是价小量大的商品，物流费用占粮食商品价格的比重很大，因而在可能条件下，粮船吨位越大，其规模经济效益也就愈加显著。为了顺应国际粮食物流市场发展的客观趋势，适应于规模渐趋扩大的粮食进出口贸易，有必要首先在东南沿海深水良港规划建设若干个拥有 5 万～10 万吨级乃至 10 万吨级以上泊位的粮食专用码头以及相应粮食物流技术装备的粮食物流园区。进而依托粮食物流园区招商引资，在发展粮食物流产业化经营的基础上合理延伸扩张粮食产业链，大力开展粮、油、食品、饲料、加工生产，加大粮食产业化经营的辐射范围，强化其辐射程度，并在可能条件下积极推行跨行、跨业、跨地区的综合经营。

第四，规划建设粮食物流园区有利于整合资源，培育大型粮食产业集团。粮食物流园区建设是开放性的。一般应由国有或国有控股开发建设或改建、扩建粮食物流园区，同时吸纳外资和内资。入园企业以粮食及其相关企业为主，也可以吸纳其他类型企业，以不影响、不污染粮食物流园区应有的环境卫生为限。这对于粮食物流设施的充分利用是有利的。也有利于粮食物流基础设施存量资产的优化整合。由于历史的原因所造成的不同物流行业，不同行政隶属关系，不同所有制之间物流基础设施存量资产的行业分割、行政分割与所有制分割，导致物流基础设施存量资产使用率不高的实际状况，使得应有的物流经济效益难以得到较充分的发挥。例如大型粮食储备库设置铁路专用线，在理论上是为了保证储备粮应急调拨运输的及时到位而必须修建的，但由于现行储备粮管理体制是以存储为主，粮库有保管之责而无动用之权，故铁路专用线在事实上正因为其太专一而很少使用，有的干脆弃置不用，站台也被挪作他用。又如港口泊位，既有专用而使用率低的问题，也有粮食物流量虽然很大，但由于码头产权分割，名为粮食专用码头实难充分满足粮食物流需求的问题。对此，可以考虑在规划建设粮食物流园区时，用财政经济的办法予以优化整合，以便充分发挥不同行业、不同行政隶属关系、不同所有制物流基础设施存量资产应有的物流经济效益和物流产业的协同聚合效益。

由此可见，规划建设粮食物流园区的同时也就是整合资源，培育大型、特大型现代粮食产业，形成现代粮食产业发展高地。有鉴于国际粮食市场主要为几个跨国粮食巨头所垄断的现实，粮食物流园区可发挥其物流优势进军国际粮食市场。因此，可以考虑给粮食物流园区配备保税功能。当然并非所有粮食物流园区都必须具有保税功能，但保税功能确应合理体现于既有保税需求又有相应条件的粮食物流园区。一般而言，东南沿海深水良港都是我国重要的开放口岸，具有对外贸易的传统优势。因此，有选择地赋予区位优势突出，物流基础设施和物流技术装备先进，外溢扩散功能明显，进出口规模巨大，转口贸易发达的粮食物流园区以相应的保税功能，不仅对粮食物流园区本身的发展有重要的促进作用，而且对于发展对外经济贸易与合作亦有相应的积极作用。也为政府调控粮食市场提供了更加有利的方便条件。因此，规划建设粮食物流园区自然也当是国家粮食安全战略中特别具有时代特征和创新意义的发展方向。

②规划建设粮食物流园区的现实性。一批沿海深水良港具备成为粮食物流园区建设的基本条件。自 1991 年开始利用世界银行贷款以及自 1998 年以来利用三批国债所建成的一批大型粮食流通项目中，不少就布点在东南沿海深水良港。例如大连北良港，拥有 10 万吨级深水泊位粮食专用码头与相应的仓储设施和先进的粮食物流技术装备，并规划有粮油、食品、饲料工业区。北良港的粮食物流技术水平，与当今世界上任一发达国家相比较都毫不逊色。只要加大向国内外招商引资的力度，强化对资本要素，特别是对外资有吸引力的市场化功能，如增加保税功能等，则北良港完全能够成为在世界市场上有较大吸引力的现代化、专业化、国际化粮食物流园区。又如储备粮管理总公司广州新沙港直属库是地处珠江三角洲腹地、拥有数十万吨仓容、连接 5 万吨级散卸粮码头和3 000吨级散装粮码头的超大型现代化、国际化港口粮库。由于新沙港利于粮食中转集散的优良环境，粮油食品、饲料加工企业纷至沓来，农业科研机构也对在新沙建立科研基地具有十分浓厚的兴趣。由此可见，只要对新沙地区粮食物流资源进行整合提升，形成以粮食物流产业为基础，结合粮油、食品、饲料工业以及市场营销、科研开发等全面发展的、发达的粮食物流园区。

此外，上海、丹东、青岛、宁波、厦门、泉州、漳州、福州、汕头、湛江、防城港等沿海口岸都有规划构建规模不等的粮食物流园区的备选资格。当然，规划建设粮食物流园区同样切忌简单化、一刀切。应当坚持发展需要、规划合理、因地制宜、不拘一格的原则。

2. 提升粮食零售市场服务水平

我国粮食生产自 2004—2008 年已连续 5 年增产，国内粮食供给相对充裕。但与此同时，粮食市场却波浪迭起，涨风不断。宏观调控措施似乎也难迅速奏效。除了国际粮食市场涨风波及等因素外，一个重要的原因是政府对粮食市场宏观调控目标的公益性与粮食零售市场受控载体营利性的矛盾。也即粮食零售市场缺乏一个无条件接受政府宏观调控且具有导向功能的服务网络。因而当务之急是要在粮食零售市场建立、健全以国有或国有控股中心粮店连锁经营为主干，以个私粮商为羽翼的新型粮食零售市场服务网络，成为粮食安全保障体系的前沿阵地。

因而要采取有力措施建立、健全粮食零售市场服务网络。核心是要不遗余力地打造一批规划有序、布局合理、交通便利、规模较大、条件较好、设备先进、营销功能较强的国有或国有控股中心粮店，实行连锁经营。其主打业务是以稳定粮食市场，服务广大人民群众、特别是社会弱势群体为己任。坚持以合理和相对稳定的价格供应适销对路的优质粮油及其制成品。其营销特点也就相应地不为利所动。因此，一旦粮食市场有风吹草动，只要中心粮店坚持按合理价格正常供应，则粮价暴涨之虞就可化解于“青萍之末”。中心粮店所需粮源应可与专项储备粮对接，使专项储备粮“全天候”起到平抑粮价、稳定市场的积极作用，也使一部分专项储备粮通过与中心粮店对接入市轮换。当然，新的国有或国有控股中心粮店并非要包揽零售市场业务，而是要坚决贯彻执行政府对粮食市场的宏观调控政策，掌握粮食零售市场导向主动权，起到市场主心骨的支撑作用。因而中心粮店并不排斥个私粮商。事实上，中心粮店既无必要也不可能完全取代个私粮商，而是要在多元主体的粮食零售市场中发挥主渠道导向作用，维护粮食零售市场的健康发展。中心粮店自然应当成为奉公守法、行业自律的典范，成为团结个私粮商共同繁荣粮食零售市场的“领头雁”。也即以中心粮店连锁经营为主干，以个私粮商为羽翼形成新型的粮食零售市场服务网络，成为粮食安全保障体系的前沿阵地。

（四）关注粮食品质、确保粮食消费安全

国家粮食安全战略贯穿粮食再生产全过程，最终要落实到粮食消费安全上。粮食消费安全不但标志着国家粮食安全的归宿，而且也标志着粮食安全水平的高低。也即粮食消费安全从数量安全保障到质量安全保障，从粮食消费一般质量保障到较高、更高粮食消费质量保障，渐次提升粮食消费安全保障水平。例如从确保所消费粮食无霉变、无杂质、无明显损害人体健康的起码安全标准，到粮油品种丰富，适口性好，符合无公害的绿色标准，再到有机粮、油消费以及营养丰富，有益于人体健康的高标准，高等级粮、油消费。因此，粮食消费安全既是国家粮食安全的结果，也是衡量整个国家粮食安全水平的试金石。

1. 建立粮食产地标识制度

从生产环节严格防控对粮食生产生态环境的污染以及使用农药、柴油等的残留不得超标。为了从消费环节反向检测粮食商品生产地农田生态环境质量和农药、柴油等残留物控制质量。当然，也就是为了粮食消费安全。自然

应当全面贯彻粮食产地标识制度。

实践证明，粮食产地标识制度有助于粮食追溯制度的建立。使得一旦发现粮食商品生产质量问题，可以追本溯源，一查到底。这就有利于促进粮食生产者和产地政府严防强控对粮食生产生态环境的污染和破坏，着力修复和改善粮食商品生产的生态环境。也有利于促使粮食生产者和产地政府严把农药、柴油残留关，把农药、柴油的残留控制在安全标准以下。因此，建立产地标识制度，可以从防控层面促进粮食生产安全，为粮食再生产安全奠定坚实的基础。这无疑是国家粮食安全战略中应当着力推进的一个重要方面。

2. 全方位强化粮食检验检测制度

通过建立、健全覆盖粮食再生产全过程的粮食商品检验检测体系，全方位强化粮食检验检测制度，运用现代化先进技术手段对粮食商品从粮田到餐桌（包括作为饲料进入养殖业）层层把关，确保粮食消费安全。这一过程事实上是一个极为复杂的系统工程。这是国家粮食安全战略中一个值得加强的重要环节。

3. 持续推进“放心粮油”工程建设

“放心粮油”工程建设是粮食部门努力多年，且已经取得阶段性成效的一项民生工程。但综观粮食再生产全局，则“放心粮油”工程也不宜局限于流通领域。而应该生产、流通全面协调、共管齐抓，放心到底。因此，在国家粮食安全战略中，农业部门、环境保护部门都应当承担粮食安全的重大职责。首先，要从强化保护农田生态环境入手，尽可能避免农田被污染破坏，而且应当事先设防、主动出击，通过深入细致的调查研究，摸清污染破坏农田生态环境的隐患，力争从源头解决问题。因而环境保护必须以预防为主，事后查处为辅。事后惩处固然有一定的警示作用，但毕竟损失已经酿成，被动防控的成本很高。其次，农业科技部门，同样应预防为主，积极主动采取有效的技术手段普及推广适用农业技术并辅之以行政干预手段，加强宣传辅导和监督检查，在粮食生产实践中把农药和柴油等残留物控制在容许标准以下。第三，对灌溉用水和大气污染也应制度化为经常性的监测评估，发现问题及时解决。农业、水利、气象部门应同舟共济、齐心协力，统筹协调防控措施。总而言之，对农田生态环境应无间断地实施全方位监控，采取主动防控措施保障农田生态无虞。这无疑是国家粮食安全发展战略的客观要求。

在粮食流通领域应当构建以国有或国有控股中心粮店为核心的安全框架。中心粮店应与粮食储备挂钩，并且实行粮食定点加工制度，严格检验检测制度。中心粮店严把安全质量关，发挥粮食零售市场粮食安全排头兵的积极作用。

当然，就整个粮食市场而言，粮食储藏、运输过程对粮食免受污染的防控以及粮食批发的进出口把关和对粮食零售市场定时、定点、与随机、随时抽测监管相结合的综合防控措施都将对粮食流通和消费安全发挥重要的积极作用。

4. 国家粮食安全战略宣传教育

持续开展国家粮食安全及其发展战略的全民宣传教育活动，普及粮食安全知识和国情教育，弘扬中华民族爱粮节粮的优良传统，自然也是国家粮食安全战略的题中应有之义。特别是要利用每年 10 月 16 日的世界粮食日活动，掀起国家粮食安全战略宣传教育的高潮。使人民群众了解党和国家为保障粮食安全而实施的一系列战略决策。接受具体生动的爱国主义国情、国策教育。使国家粮食安全发展战略深入人心而且有广泛的群众基础。

主要参考文献

威廉·恩道尔 . 2008. 粮食危机［M］. 北京：知识产权出版社 .
保罗·罗保茨 . 2008. 食品恐慌［M］. 北京：中信出版社 .
拉查·帕特尔 . 2008. 粮食战争［M］. 北京：东方出版社 .
邓亦武 . 2004. 粮食宏观调控论［M］. 北京：经济管理出版社 .
高帆 . 2005. 中国粮食安全的理论研究与实证分析［M］. 上海：上海人民出版社 .
胡靖，2003. 入世与中国渐进式粮食安全［M］. 北京：中国社会科学出版社 .
李经谋 . 2008. 2009 中国粮食市场发展报告［M］. 北京：中国财政经济出版社 .
厉为民，黎淑英 . 1988. 世界粮食安全状况［M］. 北京：中国人民大学出版社 .
龙方 . 2007. 新世纪中国粮食安全问题研究［M］. 北京：中国经济出版社 .
卢良恕 . 2007. 粮食安全［M］. 杭州：浙江大学出版社［M］.
马晓河，等 . 2008. 中国粮食总和生产能力与粮食安全［M］. 北京：经济科学出版社 .
聂振邦 . 2008. 2008 中国粮食发展报告［M］. 北京：经济管理出版社 .
聂振邦 . 2008. 现代粮食流通产业发展战略研究［M］. 北京：经济管理出版社 .
任正晓 . 2006. 农业与粮食热点问题研究［M］. 北京：中国经济出版社 .
唐风 . 2008. 粮食新战争［M］. 北京：中国商业出版社 .
吴志华 . 2001. 中国粮食安全与成本优化研究［M］. 北京：中国农业出版社 .
肖国安 . 2005. 中国粮食安全研究［M］. 北京：中国经济出版社 .
徐奉贤 . 1999. 中国农业扶持与保护［M］. 北京：首都经济贸易大学出版社 .
钟甫宁，朱晶，曹宝明 . 2004. 粮食市场的改革与全球化［M］. 北京：中国农业出版社 .
朱泽 . 1998. 中国粮食安全问题：实证研究与政策选择［M］. 武汉：湖北科学技术出版社 .
董银果 . 1999. 试论完善我国粮食供求平衡机制［J］. 西北农业大学学报(6) .
蔡昉 . 1997. 从比较优势与贸易利益看中国粮食供求问题［J］. 国际经济评论（2）.
曹历娟，洪伟 . 2009. 世界粮食危机背景下我国的粮食安全问题[J]. 南京农业大学学报（社会科学版）（2）.
曹利强，李荣英 . 2009. 粮食产后损失不容忽视[J]. 中国统计（3）.
曹宝明，徐建玲 . 2008. 粮食流通体制改革的“嘉定模式”［M］. 北京：中国农业出版社 .
曹荣湘 . 2005. 粮食安全观的转换与市场制度的构建［J］. 学习与探索（5）.
陈波 . 2007. 国家粮食安全成本及其结构优化研究［D］. 武汉：华中农业大学 .
陈德敏，薛婧媛 . 2008. 中国土壤污染现状与法律责任解读［J］. 重庆大学学报（社会科学版）（1）.
陈劲松 . 2005. 2004 年中国农村经济形势分析与 2005 年展望［J］. 中国农村经济（2）.

陈文科．1995. 关于我国粮食供求平衡的几个问题［J］．农业经济问题（6）．
陈永福．2005. 中国粮食供求预测与对策探讨［J］．农业经济问题（4）．
董银果．1999. 试论完善我国粮食供求平衡机制［J］．西北农业大学学报(6)．
樊胜根，等．1997. 中国未来粮食供求预测的差别［J］．中国农村观察（3）．
方齐云．1999. 中国粮食供求增长趋势分析——兼评布朗预测［J］．华中理工大学学报（社会科学版）(2)．
高帆．2005. 中国粮食安全的测度：一个指标体系［J］．经济理论与经济管理（12）．
高国庆，宋建慧．2000. 入世后我国粮食供求平衡途径初探［J］．国际贸易问题（11）．
高启杰，2004. 城乡居民粮食消费情况分析与预测［J］．中国农村经济（10）．
高瑛．2006. 基于粮食安全保障的我国粮食产销利益协调机制研究［D］．南京：南京农业大学．
郭书田．1997. 中国粮食形势与实现供求动态平衡的对策［J］．中国软科学（8）．
国家粮食局调控司．2004. 关于我国粮食安全问题的思考［J］．宏观经济研究（9）．
海燕．2003. 论市场化进程中浙江区域粮食安全体系的构建［J］．浙江学刊（5）．
韩秉进，等．2001. 粮食的国际供求和中长期预测［J］．中国农学通报（5）．
韩俊．2003. 当前我国的粮食供求形势［J］．黑龙江粮食（6）．
胡迎春，刘卿．2003. 粮食禁运的风险与中国粮食安全的政策选择［N］．辽宁农业信息资源平台，2003-08-19.
黄汉权．2008. 粮食加工业发展的新情况、新问题及对策建议［J］．宏观经济研究（12）．
黄季焜．1999. 社会发展、城市化和食物消费［J］．中国社会科学（4）．
姜长云．2005. 关于我国粮食安全的若干思考［J］．农业经济问题（2）．
姜长云．2004. 我国粮食供求平衡问题的现状与展望［J］．经济研究参考(41)．
柯炳生．2003. 我国国家粮食安全问题的战略思考及其政策建议[J]. 改革（2）．
柯炳生．2006. 新时期我国粮食供求形势探析［J］．中国农垦经济（1）．
雷玉桃．2003. 退耕还林与粮食安全协调机制浅析［J］．农业现代化研究(3)．
李国祥．2009. 内忧外患粮食安全考验中国［J］．中国贸易报，2009-02-03.
李全根．1984. 略论改善粮食生产收益的途径［J］．粮食经济研究（3）．
李全根．1986. 试论调节粮食生产收益的若干经济政策问题［J］．财政研究资料（26）．
李全根．2008. 论深化粮食流通体制改革的路径选择与目标界定[J]. 红旗文稿（23）．
李萌．2005. 中国粮食安全问题研究［D］．武汉：华中农业大学．
刘晓梅．2004. 关于我国粮食安全评价指标体系的探讨［J］．财贸经济（9）．
龙方．2007. 新世纪中国粮食安全问题研究［D］．长沙：湖南农业大学．
卢锋．1998. 粮食禁运风险与粮食贸易政策调整［J］．中国社会科学（2）．
罗良国，等．2005. 中国粮食供求状况分析[J]. 农业经济问题（2）．
罗孝玲．2005. 基于粮食价格的我国粮食安全问题研究［D］．长沙：中南大学．
马九杰，张象枢，顾海兵．2001. 粮食安全衡量给预警指标体系研究［J］．管理世界（1）．
马晓河．1997. 我国中长期粮食供求状况误解分析及对策思路［J］．中国农村经济（3）．
门可佩，魏百军，唐沙沙，周丽，蒋梁瑜．2009. 基于 AHP-GRA 集成的中国粮食安全预警研究［J］．统计与决策（20）．

彭珂珊．2009. 2008年全球粮食危机与中国粮食安全问题观察［N］．中国食品产业网，2009-02-06.

乔召旗，罗荣海．2009. 我国粮食贸易与世界粮食价格的相关性研究［J］．粮油加工（5）．

桑英，张福生，王海英．2009. 农作物污染及其危害［J］．内蒙古农业科技（2）．

邵鲁．2009. 我国粮食供求、价格波动与安全问题的实证分析［D］．长春：吉林大学．

田波．2000. 中国粮食供求平衡模式的比较与选择［J］．农业经济（12）．

王放．2007. 粮食安全与粮农增收协调研究［D］．武汉：华中农业大学．

王峰．2001. 世纪中叶我国耕地动态变化预测［N］．百度搜索网，2001-10-11.

吴振华．2009. 我国粮食安全的政策选择——基于影响粮食供给因素的分析[J]．乡镇经济（10）．

夏扬，陶振民．2009. 粮农生产经营组织化问题的重要性研究［J］．湖北大学学报（哲学社会科学版）（14）．

肖国安，等．2005. 粮食供求波动的轨迹、走势及其平抑措施［J］．湖南科技大学学报（社会科学版）（3）．

许经勇，等．2004. 当前中国粮食供求形势的理性思考［J］．当代经济研究（5）．

杨军，吕荣文．2008. 粮食安全储备的现状及前景［J］．粮油仓储科技通讯（6）．

袁国洲．2009. 中国粮食安全问题及对策［J］．中国经贸（3）．

张宝文．2006. 如何看待我国粮食生产形势［N］．长城在线，http：//www.hebei.com.cn/node2/jingji/ldlt/userobject1ai543094.html，2006-12-22.

张魁兴．2009. 保护国家粮食安全不是杞人忧天［N］．证券时报，2009-01-19.

张士功．2005. 耕地资源与粮食安全［D］．北京：中国农业科学院．

钟庆君．2009. 外资进入我国粮食领域：一个不能漠视的问题［J］．红旗文稿（1）．

朱希刚．2004. 中国粮食供需平衡分析［J］．农业经济问题（12）．

朱泽．2004. 建立和完善我国粮食安全体系［J］．红旗文稿（2）．

后　记

本书是江苏高校哲学社会科学重点研究基地重大项目“中国粮食安全现状与趋势研究”的研究成果，是课题组充分讨论、密切协作的结晶。

本书由曹宝明负责框架设计与统稿，各章的持笔人如下：曹宝明、李光泗负责第一部分、第二部分，徐建玲负责第三部分，郭晓东负责第四部分，李全根负责第五部分，李光泗、李丰协助进行全书修改与定稿。在本项目的研究过程中，多次召集座谈会，有关专家提出了宝贵意见，国家粮食局、江苏省粮食局有关领导也给予了中肯的建议，在此一并致谢。